女40代はおそろしい

夫より稼いでたら、家に居場所がなくなりました

田房永子

幻冬舎

女40代はおそろしい

夫より稼いでたら、
家に居場所がなくなりました

まえがき

『女40代はおそろしい』を手に取ってくださってありがとうございます。
こんにちは。著者の田房永子、45歳です。

この本は3人の女性たちが、中年で困難に直面する様子を描いた漫画です。彼女たちは、家事や子育て以上に、自分の仕事に軸足を置いてきました。夫よりも稼いで大黒柱をやってきた彼女たちは、それぞれ、お金、夫婦関係、姑問題の悩みを持ち始めます。
彼女たちは困難をどのように乗り越えるのか、乗り越えないのか。

漫画の途中でところどころ入る文章のコーナーは、著者目線からの補足であり、制作秘話だったり、「40代っておそろしくないですか？　どうします？」をテーマに書いたコラムという名の雑談となっております。
併せてお楽しみいただけたらうれしいです。

ではははじまります！

第1話 いきなり年収半減!? 5
田房のわりこみコラム1 40代は最高に楽しいよ(?) 15
第2話 妄想が止まらない 26
田房のわりこみコラム2 大黒柱をやってる女を指す言葉がない 36
第3話 お葬式にて 46
田房のわりこみコラム3 味わうがいい、その辛《つら》さを 56
第4話 夫が口をきいてくれない 63
第5話 夢 73
第6話 収入はどこへ消えた? 83
第7話 夫の告白 93
田房のわりこみコラム4 40代のセックスってのは 103

第8話 言えることと言えないこと 108
第9話 初めての体験 118
田房のわりこみコラム5 3人のトリプル依存 128
第10話 それぞれの近況、それぞれのセックス 132
第11話 ふさ子の絶望ふたたび 142
最終話 それぞれの明日 152
田房のわりこみコラム6 おそろしいけど進んでく 162

第1回　女性ビジネス改革シンポジウム2019
輝く大黒柱妻の未来
本日は大黒柱妻のお三方に
女性の新しい働き方 稼ぎ方についてお聞きします
司会
経営者代表
会社員代表
フリーランス代表
パワーストーン販売会社経営
広告代理店社員 ヨコタ・ヨーコ
デザイナー 丸山ふさ子
妻が働く間夫が家事育児を担当することも
大黒柱妻の家庭ではスタンダードな光景です
大黒柱妻とは…
大黒柱妻の定義
・夫より収入が多い。
・家計の7割以上を負担している。
家計の7割以上を負担するということで
丸山さんのお宅もお子さまがお二人いらっしゃるんですよね
ハ ハイッ

私は小2の娘と3歳の息子がいまして
保育園のお迎えや夕食は主に夫が担当しています
毎日ですか?
ええ ほぼ毎日ですね
ご帰宅は夜遅くになりますか?
以前はそうでした
司会
好きなことを仕事にして産後は思いきり仕事ができないのがストレスで
その反動で働きすぎて無茶して…
デザイナー
丸山ふさ子
倒れてしまったことがあって
あ
ハァイ 私もよく倒れてまぁす
ドッ
過労は大黒柱の専売特許ですからねぇ
ドッ
専売特許?
て 言いました?
「寝てない」がステータスの人だね
あっごめんなさァイ 続けて~
あ ハイ
健康にも気を付けないとなと思ってます

ねェ アナタ
いいお注射あるわよォ
首に打つの 元気出るわよォ〜
パワーストーン販売会社経営 早乙女るり
広告代理店社員 ヨコタ・ヨーコ
デザイナー 丸山ふさ子
いっいいいです 結構です
やぁだ 合法よォ
1本3万!
紹介するわよ
では! 大黒柱妻のみなさんに
年収を聞いちゃいましょう!!
司会
ザワザワ
えっ!?
フ〜ゥ
ちょっと待ってよ なんでこんなたくさんの人の前で…
ではまず 経営者代表の 早乙女さん
デザイナー 丸山ふさ子
フリーランス代表
輝く大黒柱妻の
そうですねェ
メルセデスロードスターが10台くらいでしょうかねェ
でもね わたくしは ちゃんとお米研いでますのよ
今の若い方は 無洗米で 済ませます でしょ?
主人は 炊飯器の ボタンも 押しませんから
ひえー
夫! 飯くらい 炊いてー
「妻が外で働くなら家事を完璧にやるのは最低条件」の世界…
私は…ロードスター1台にも達してないのに
無洗米を……
夫に炊かせている…

帰りたい…
え～ 私は会社員 なので オフレコで
でもまあ ロードスター 1・5台 ほどは
オオォ～
あ～なんで こんなの出ちゃったんだァー
カオリさんに 言われた時は 今と状況が 違ったから
こんなのあるよ ふさちゃん出れば？
シンポジウム 大黒柱妻
へぇ～
出てくれる人 探してるみたい
カオリさん 出れば いいのに
私はいいよ そういうの
やる気にみなぎってた
人脈ひろがるかも！
出ます！
でもそのあと倒れて 弱気になってたら
もう カオリさんの ツアーは 行くの やめたの
えッ
突然ゆるキャラの 契約が今年度で 終了って言われて…
モヒすけ
ふさ子の年収
グッズの ロイヤリティ
通常の 仕事
6
4
年収の半分の収入源は ゆるキャラグッズ だったのに
来年の4月からは 年収が6割減 してしまう
私は今 大黒柱妻 としては崖っぷち
食費
教育
進学
老後
習い事
うっ～…
お先真っ暗で どうしようもないんだ
輝く大黒柱妻の未
ズバリ 丸山さんの 年収は!?
ロードスター 0・5台以下 です!!

シンポジウム2019 懇親会
ふさちゃ〜ん
おつかれ〜
ちょっと〜 カオリさんと まいさんも 出てくださいよ!!
2人だって 大黒柱妻 なんだから
まいさんは 会社員だし
カオリさんは 経営者だからちょうど よかったじゃないですか〜
なんか思ってたのと ちがったよね シンポジウム
私 出なくて よかった
もう〜 まいさん! 帰りましょ〜
ハハハ
あのー ちょっといいですかァ
はい
お話 聞かせて もらい ました
どうも…
デザイナーですか 好きなことを 仕事にって
お気楽にやられてる ようで 結構ですけどねェ
大黒柱って 少なくともこれから 65歳まで年金を 払いながら家計を 維持し続ける わけですよねェ
仕事がなくなっても
家族の責任 負う覚悟は できてますぅ？
は？
この場で 「はい」と言えれば あなたを認めますよ

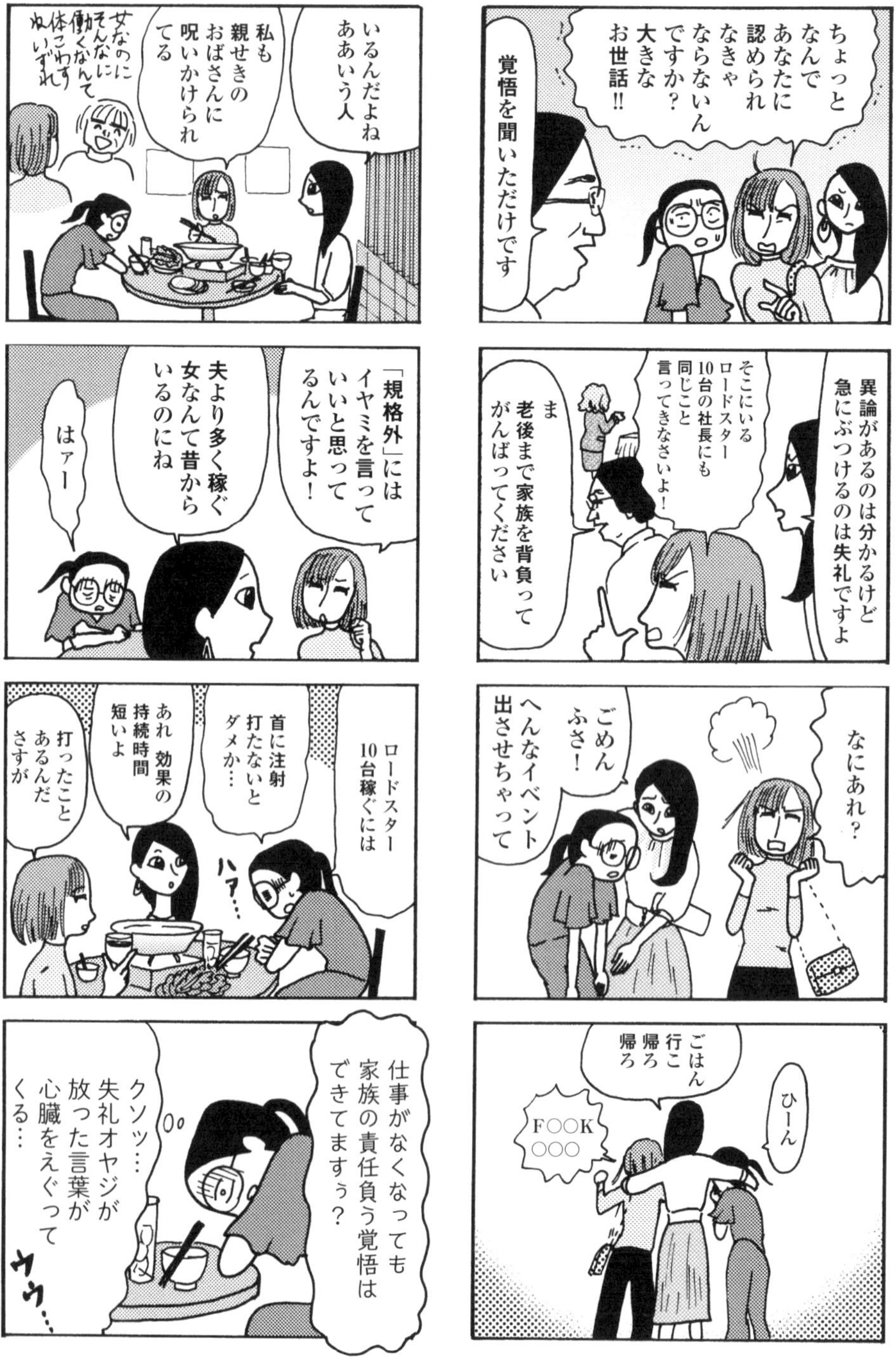
ちょっとなんであなたに認められなきゃならないんですか？大きなお世話!!
覚悟を聞いただけです
異論があるのは分かるけど急にぶつけるのは失礼ですよ
そこにいるロードスター10台の社長にも同じこと言ってきなさいよ！
ま 老後まで家族を背負ってがんばってください
なにあれ？
ごめんふさ！へんなイベント出させちゃって
ごはん行こ帰ろ帰ろ
ひーん
F○○K ○○○
いるんだよねああいう人
私も親せきのおばさんに呪いかけられてる
女なのにそんなに働くなんて体こわすぬ いずれ
「規格外」にはイヤミを言っていいと思ってるんですよ！
夫より多く稼ぐ女なんて昔からいるのにね
はァー
ロードスター10台稼ぐには
首に注射打たないとダメか…
ハア…
あれ 効果の持続時間短いよ
打ったことあるんださすが
仕事がなくなっても家族の責任負う覚悟はできてますぅ？
クソッ…失礼オヤジが放った言葉が心臓をえぐってくる…
ウウ…

こんなにえぐられるのは響いちゃってるからだ
あのオヤジにはバレたのかも…お先真っ暗なことが…
ふさちゃん つらかったら言ってね
うん大丈夫ごめんありがと
なんでも相談するんだよ
うんするするさせて〜
カオリさんとまいさんもなんかあったら話してくださいよ!
うん
うん話すー
あっなんかあるの?まいさん
ないよなんもなーい
カオリさんあるでしょ?
ないっゼロッなしっ
あの2人にこそ相談できないよ〜
年収が60%減するなんて恥ずかしすぎて…
ついこないだまで
年収1億円目指す!!
とか言ってたのにこの有様…
とにかく…新しく仕事とらなきゃっ
はあ…
どうしたの?もしかしておばあちゃん?
具合悪い感じなの?
あ…いや…

入院してからは安定してる…大丈夫だよ
なんかあったら言いなよ…
あの…今日シンポジウムでさ
あぁ そうだよ どうだったの？
……
別に…特に何もなかった
どこから話しても…
収入が減ることがトシさんにバレそう
絶対言えない…
私が養うから思いきり仕事させてほしいって言って
ふささんが仕事時間を確保できるように
俺 事務職に転職する
トシさんが転職までしてくれたんだから
ちょっと前に倒れるまではこわいものなかったのに
イケイケGOGO。だよ！
65歳までどころか90歳まで働く気だったし
覚悟なんかしなくてもやっていける自信があった
なのに今は…
おばあちゃん来たよー

あれェ来てくれたの
おばあちゃん
よく眠れた？
会えてうれしいねぇ
私もうれしいよ
子どものころから
おばあちゃんの働く姿を見てきて
私もおばあちゃんみたいな大黒柱妻になりたくて
おばあちゃんはすごいよね
えー？
どんどん店舗増やしてさ
かっこよかった
あらァそうお
私はぜんぜんだめだ…もっとがんばらなきゃ
ん～

ふさちゃんは
がんばってるよォ
いや…本当にダメなんだ…
おばあちゃんみたいになりたいよ
好きな仕事して自分の才能発揮してお金稼いで…
楽しいよね そんな人生
うらやましい…
そうだねぇ
楽しかったねぇ
いろいろあったけどね
あそだ 香奈子がもってきたワラビもちあるよ
あ これ？
それー
間があったからドキッとしちゃった

田房のわりこみコラム　1

40代は最高に楽しいよ(?)

あなたは40代に対してどんな思いをお持ちですか？
私は、40歳になるのが楽しみでした。だって30代が終わる頃、年上の知人女性たちからこう言われまくっていたからです。
「40代はむちゃくちゃ楽しいからね！　最高だよ〜！」
え？　人間の基本って、10代＝理不尽、20代＝過酷、30代＝しんどい、ですよね？　いよいよ40代って、楽しくなるもんなんですか⁉
知人女性たちが言うには、40代は仕事も収入も子育ても安定して、つまり金にも時間にも気持ちにも余裕が出て楽しい！　らしいのです。40代はモテる！　とまで言い切る人もいました。
仕事をバリバリやってきた人限定なのでは？　モテるかどうかも個人差がかなりあるんじゃ？……と返す私にかぶせ気味に「40代はどんな状況の人でもとにかく楽しい！」と断言。しかも、50代、60代とさらにその楽しさが倍増していくんだって。
そう言う彼女たち自身が実際に楽しそうに見える。なので私はその説を信じてみることにしました。モテるってのはまさかなあ。え、誰にぃ？　やだあ〜。

それが30代最後の私の姿でした。

そして40歳。

同年代の友人との雑談がそのまま仕事になった時、「確かに、金と知識と経験があるから物事が思うように順調に運ぶ……！　そうか、これが40代の楽しさか！」と身が震える感覚に。

恥も傷も慣れっこな40代、これって無敵じゃない!?　ヨッシャー！　若い時はリスクを気にして避けてきたあれもこれも、やりまくるぜ！

そう決意した私は、世の中がコロナ禍に突入しても「アタシは動き続ける！」と、今まで描いたこともないラブコメジャンルの脚本を書いて漫画原作大賞に応募したり、新しいことを学ぼうと20万円のセラピスト養成オンライン講座・半年コースに通ったり、コロナ禍がおさまって人々が集まれる時期になってからは、ずっとやりたかった〝ライブハウスを借りて各々好きな音楽を流して友人・知人と踊りまくるパーティーイベント〟を企画開催したり、自費出版本を500冊刷って手売りの即売会に出店したりしました。

私の予定では、それぞれが華々しく開いて発展していくイメージでした。

40代は楽しく順調に物事が運ぶから。

私が原作担当のラブコメ漫画はヒットして映画化にドラマ化にミュージカル化して最終的には時代劇アレンジバージョンも舞台公演されちゃって、内輪で始めた音楽パーティーは恒例のフェスになり、セラピストにもなって、手売りの即売会では200冊くらいは売れるという目論見です。だってさ、40代はさ、楽しくさ、物事がさ。

しかし現実は、原作大賞には引っかかりもせず「面白いのにどゆこと?」と思って顔見知りの漫画編集者の人に読んでもらったら長い間返信がなく、おそらく言いあぐねていらっしゃったのでしょう、やっと届いたメールを開くと「この設定の話、すでにありますね……」と『このマンガがすごい!』でランクインしてるヒット作のタイトルが書いてあって、大恥を自分自身にかかされる上に人にも気を遣わせてしまうという中年ならではの体験をしました。そして音楽パーティーは本当に楽しかったけど、もしこれが知らない人たちがいきなりやってくる催しだと思うと、それには恐怖を感じるビビりな性質を自分が持っていることに気づいたのです。さらにセラピーを受けるのは大好きだけど人の話を聞くセラピストには向いてないということも20万円かけて納得し、何よりもキツかったのは即売会でしたね。

前に同じ即売会に出た時は30歳くらいで、Ｔｗｉｔｔｅｒ（現X）で宣伝しまくったら当日どんどんバンバン売れたんですよね。その評判を聞いてやってきた数人の出版社の編集者から名刺を渡されて、その後、その自費出版本を書籍化させてもらったりもしました。コロナ前に出店した時も、テレビに出てる有名な方が「ずっと前から読んでます！」って買いに来てくれたり、持っていった２５０冊も完売して忙しくて大変だったけど充実した一日でした。

でも、この43歳の時の即売会は誰も買いに来なかった。わざわざ来てくださったファンの方が数名買ってくれたので「誰も」って言ったらダメなんだけど、20冊くらいしか売れなくて、遠く、28歳くらいの女性著者のブースには人が群がっていて、あ、って思いました。その時。あ、私、40代になったんだ、って。

もちろん本が売れることに年齢は関係ない。そういうんじゃなくて、私はやっぱり、単純に昔よりも勢いがないわけです。

30歳前後でバンバン売れた時はちゃんとSNSで刺激的な告知を毎日しまくって「事前に注目を集める」「来場者の〝あれを買おうリスト〟に入れてもらう」という行

動を取っていました。
そして即売会で手に取りたくなる表紙を全身全霊で毎日集中して考えて作ったし、ちゃんとそれが報われていたんだと思う。
きっとそう、あの28歳くらいの女性著者もそれをやっているんだ。私は本業の片手間、趣味でやってるから、当たり前の結果なんだこれは。人気があるとかないとかそういう問題じゃないんだ、落ち込むな、落ち込むなっ！　と自分に言い聞かせないとそこにいられないくらい、本気《マジ》でお客さんが来ませんでした。
かの大スター、福山雅治も言っていました。自分が出た映画をお客さんに見てもらうまでが仕事だと。だから、告知も重要な仕事であると。私はその話を膨らませ「稀代の甘すぎる顔面を持つ男、福山雅治であっても、告知しないとお客さん来ない」というフレーズにして、やたらと頭で唱えました。「福山だってゼロ……、お客さんゼロ……」そうやって自分を慰めながら出店ブースの中にいました。
私のグッズが欲しいと言ってくれる人はいても気軽に来られるイベントじゃないのにグッズをたくさん作ってしまったのも誤算でした。
私の絵をプリントしたエコバッグを買ってくれた若い男性がいたんだけど、「袋がなかったのでちょうどよかった」と言ってその場で手に持っていたたくさんの冊子を入れ始めました。あれです、空港の自販機で売ってる袋の扱いです。お土産買いすぎてスーツケースに入らないから買う袋。「九州ばいっ！」と叫ぶ西郷さんの顔がド派手に描いてあってちょっと恥ずかしいけどまあ帰るだけだからいいか、って買う袋。

その男性は悪くない、誰も悪くない。だけど恥ずかしさで、持ってきて余った480冊をその床にブチまけてクロールすることで「これは水である。私がわざわざ作って売れ残った本では決してない」と思うことにしようかな、ってくらい、心が折れました。

そんな感じで44歳になった頃ですかね、ハッキリ思いました。

40代、楽しいか？　って。逆じゃね？　って。

「無敵の40代、傷ついて恥かいてでもいろいろやるぞ！」という目標だけはしっかり達成した私が断言します。40代だろうが、別に傷ついて恥かく必要ないよ、と。ただただキツいだけだよ、と。

20代は恐怖だった

40代に比べると、20代は未来が未知すぎて、戦慄するほど怖かった。恐怖でした。

今こなすべきことがそもそも分かんないから手探り。年上の誰かから聞いた「こういう人生を送りたいならこうするのがいいよ」「これを選んでおくとのちのちお得だよ」みたいな、漠然とした道しるべを頼りにしているだけだから実感がない。自分が経てきた過去も単なる出来事でしかなく、未来はボンヤリとすら見えなくて、時間を有効に使えているのか、向かっている方向が正しいのか、他の道のほうがいいんじゃないか、何もかも分からなくて、毎日焦燥を感じて落ち着かなくて、とにかく怖かった。

そして30代はやっと走り出せる。やっぱりこの道でよかったみたいだ、というかこの道を走るしか自分はできないというような確信が少しずつ生まれて、自分の思う近い未来（1~2年後）が分かる感じがあって、それを経験した人から「こういう時が来たらこうするんだよ」というかなり具体的な提示をされるから、過去はむしろ振り返る余裕がなく、ただただ目の前のことをこなしていくのに必死で、気づいたら時間が経過していた。しんどくても、無我夢中で走っていればよかった。

だけど、40代は。

「これ」しかない。もうない。Aを選んでやってきて、結果も出て、Aを続けるのが一番いいって分かってて、今更BもCももう選べない。BもCも自分の居場所じゃないっていうことをこの20年が証明しているから。自分でも、Aでいいと思ってる。だからAをすればいい。

だけどこの、「これしかない状況」で「これをやればいい」ことを「やる」、やり続けるということが、むっちゃくちゃダルい。

ダルいながらもやらなきゃいけない。やるしかないから。やらないと自分が困るし、周りも困るし、60歳、70歳の自分が困るから。その困っている未来が映像としてハッキリ見えるから。

そして、できちゃうから。ダルいと言いつつ、こなせちゃう。「ダルいなぁ」と思える余裕がある。

若い人を見ると、自分が通ってきた道をまさに今歩いてるな、と感じることがある。だから自動的に自分の過去が思い出される。他人を通じて客観的に思い出される記憶は「こういうことだったのか」という意味や答えを含んだものに変わってより複雑な状態でリチャージされる。

ついこの間までは、子どもの頃のように軽く飛び跳ねられる体に戻りたいから運動してたのに、いつのまにか「将来、膝が悪くならないために」って予防のための運動に変わっている。

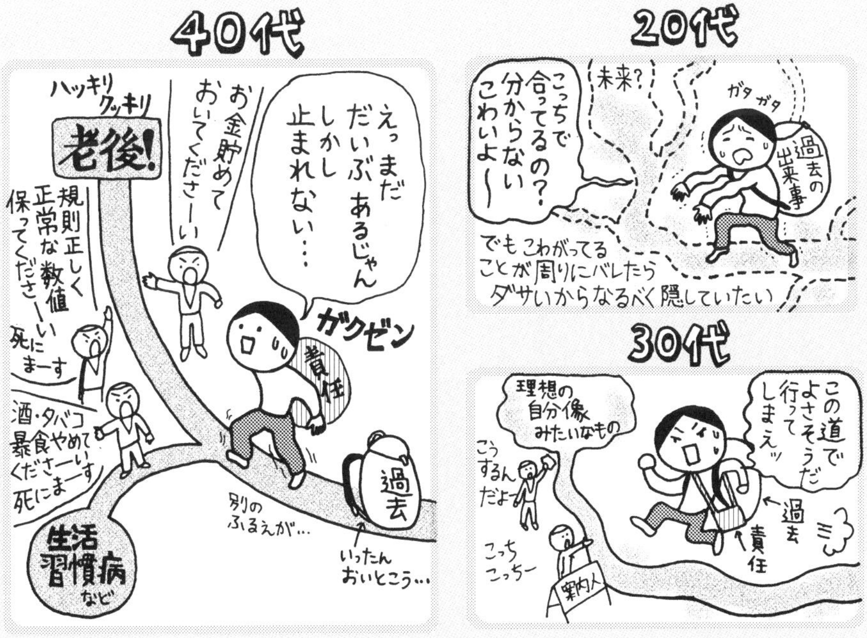

元気で長生きするために、スポーツジムに金を払いながら、老後に残せる金があるか戦々恐々とする。過去も未来も、やけにクリアに見える。

40代には、若い時に他人から言われた「責任持って行動しろ」の「責任」みたいな、それってどこにあるんだ？ という漠然としたものとは違う類いの「責任」もある。40代の抱える「責任」は自分の懐に確かに貼り付いていて手放すことが1000%許されていない、手で触ることのできる責任。世の中の一番中央にいて司る役目の年代だから、自分の責任が自分だけのものじゃない感じ。そんな重たいものを抱えていても「まあ、やるしかないか」と思えてしまう。自分の許容範囲がいつのまにかこんなに広がっているということに自分で驚く、それが40代。

慣れ親しんだ芸能人・有名人が亡くなったり、身近な人が大きな病気になったり、自分の健康診断でこのままだと○○です、って保険のCMでしか聞かなかった怖すぎる病名を言われたり、酒もタバコもやってないのにずっと調子が悪かったり、目がかすんでスマホを上下に動かしてしまって肩も痛くて上がらない、「年寄りが集まると健康の話ばかりになる」という先人の言葉を理解できるようになったり、それまで健康一筋でやってきた人でも「ああ、死というものは自分にも起こるんだな」というのを肌身に感じ、受け入れざるを得ない季節。

なんの変哲もないものにグッときたりして、それだけで「みんなみんな、ありがとう」なんて、やたらと壮大な感情になり涙が出るのも40代と言えるでしょう。

40代はおそろしい。

怖い、じゃなくておそろしい。

「怖い」は身が震えるほどの恐怖だけど、「おそろしい」は自分から離れた他人事な雰囲気がある。どうしたらいいか分からなくて「怖い！　助けて！」と叫んじゃう恐怖ではなくて、どうしたらいいか分かっててそれをやらなかったらどうなるかも分かってる、「ああ、おそろしい」と言える余裕がある。それが40代って感じ。

そんな意味のタイトルの漫画『女40代はおそろしい』。

この漫画は、2020年に発売した『大黒柱妻の日常　共働きワンオペ妻が、夫と役割交替してみたら？』という漫画の続編になります。でも本作だけでも読めるようになっているのでご安心ください。

主人公のふさ子は収入が激減するおそろしさに震え始めたようです。では引き続き、ふさ子たちと共に、40代のおそろしさを感じ切ってみようではありませんか。

そして「ああー！　おそろしいー!!」と味わい尽くして、明日を乗り越えていこうじゃありませんか。だって40代っておそろしいもん、隠せないもん。

つーか、40代はモテるって何だよ！

まいさ〜ん
朝ごはんできたよー
はーい
いってきまーす
今日
塾だぞ
わかってるー
いってらー
まいさん
おはよう
お義母《かあ》さん
おはよう
ございます
おばあちゃん
おはよっ
あらァ
おみそ汁
持ってきた
のに
今日から部活で
早く行くって言ったじゃん
はい
しじみ
汁〜
どもー

義実家の隣に越してきて1年
ちーくんおはよー
夫が仕事をやめて半年
ちーくんの好きなウィンナーだよ
あKストア行ってきたの？
それがさシーユーにも売ってたの
へぇ〜前はなかったのにね
………
この構図にも慣れてきた
ちーくんほら食べな
主菜 副菜 パーフェクト朝食プレート…
私には無理〜
えお迎え4時でしょ？
3時半！
今日はちーくんスイミングでしょ？
あーそっか今日水曜か
ごちそうさまー

キャッ
キャッ
楽しそう…
2人とも今が一番幸せそうだ
今日はちーくん私が保育園つれてくわよ
はーい じゃいってきまーす
そして私は家事より仕事が好き
いってらっしゃ〜い
丸くおさまってるなァ
ザッ
ザッ
宮脇さ〜ん
葉山くん おはよーございまーす
おはよーございまーす
宮脇さん 今月の部署飲み出ないんですかぁ？
はい 出ませんよー
えー

じゃあボクも行くのやめちゃいまーす
へへっ
えー行けばいいじゃないですか
え～だってつまんないですも～ん
宮脇さんが
いないとっ
……
……
ムシされたぁ～
なんなんだろー葉山くんて
きゃい♡
めんどくさいよ～
ワンチャン狙ってるにしては
テンション高いんだよな
あ
加賀見さん

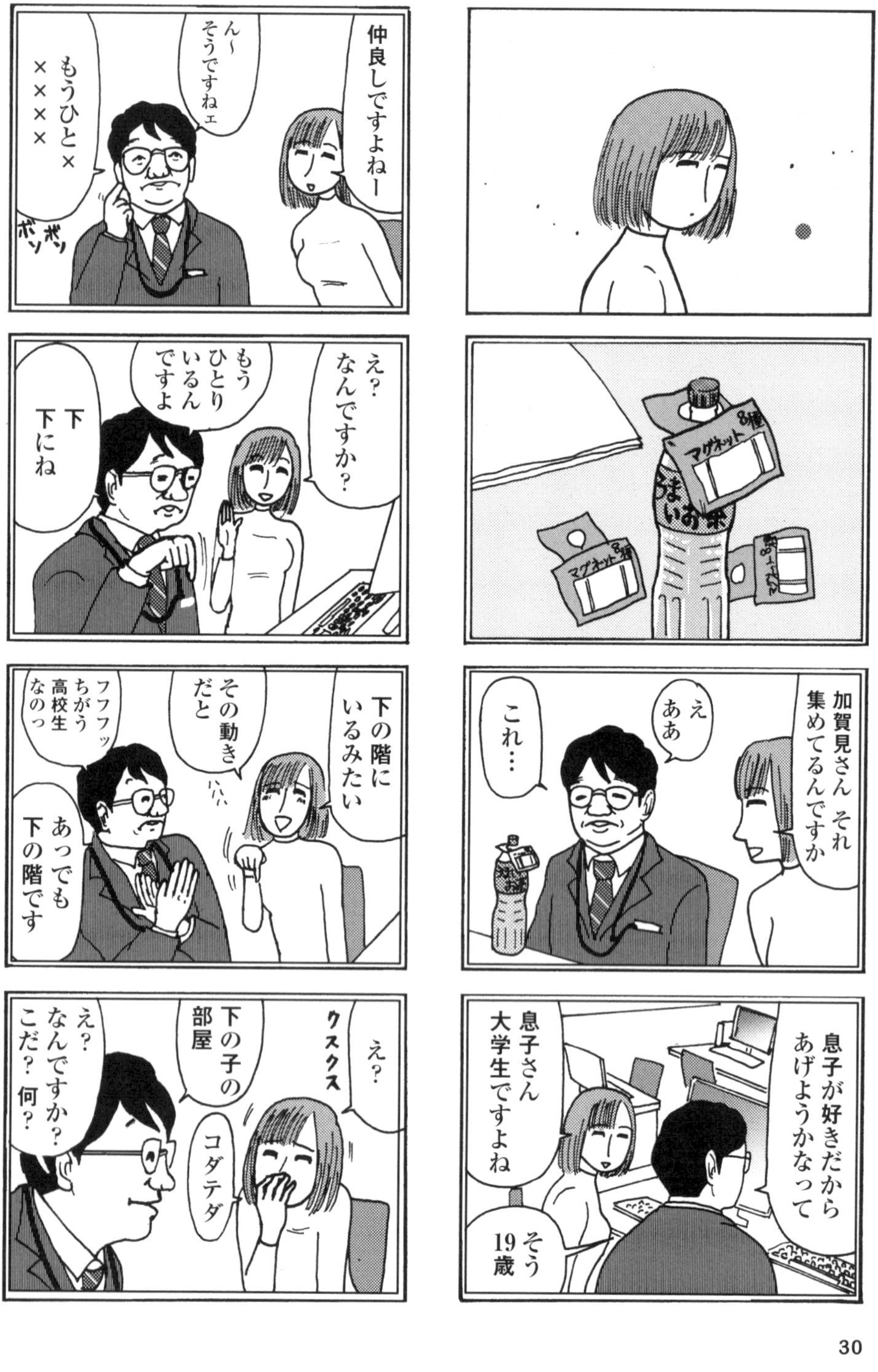

マグネット 8種
うまいお茶
加賀見さん それ集めてるんですか
え ああ
これ…
息子が好きだからあげようかなって
息子さん大学生ですよね
そう 19歳
仲良しですよねー
ん～ そうですねェ
もうひとと×××××
ボソボソ
え？ なんですか？
もうひとりいるんですよ
下 下にね
下の階にいるみたい
その動きだと
フフフッ ちがう 高校生なのっ
あっでも下の階です
え？
クスクス
下の子の部屋
え？ なんですか？ こだ？ 何？
コダテダ

戸建てです
加賀見さんち情報です
アラ急にキリッとした
分かりませんよ メゾネットのマンションかも
クスクス
ウッフ ウッフ
ハハハハ
あの時話した内容
今考えるとなんも面白くないな
あのあとすぐ部署が変わっちゃって
しゃべってない
またしゃべりたいな～
最初からなんか
どんな風にしてるんだろ… 奥さんと
ウッフッ
話しやすかったんだよな～
いい人だよな～
けっこうしてるのかなぁ
ガチャ ガチャ

はい
おかえりー
ガチャ
わッ
ハァ…
もービックリ
するってば
玄関で
待ってなくて
いいって言った
じゃん
待って
ないよ
仕事やめてから
ますます私に
執着してくる…
地震とか
あった時
困るからさぁ
最近のGPSは
どこ歩いてるかまで
分かるにゃ
着く時に
玄関に
いただけにゃ
今日も
寄り道
しなかった
にゃ
こっちはずっと
家でハラハラ
してるの
精神的
苦痛なの！
災害でスマホつながら
ない時はGPSも
見られないんじゃないの？
ほめて
つかわす～
浮気
すん
なし
しない
よっ
ちょ
着替える
から
離して
あっ なんか
やましいことが
あるんだ
あーるんだ
あーるんだ
ないよ
つん
つん
ない

じゃあいいじゃん逆に何がダメなの？
安全に過ごしてほしいだけ！
俺のGPSも見ていいから
いいよ見ないよ
いつもこっそり私のスマホ見てるのに
なんで見てよ！
GPSアプリは断りを入れるんだな
じゃーGPSつないどくよ？
よ!?
うん…
見張ってるからへんな所行くなよってことか…
行きたい
へんな所
加賀見さんと行ったら
いかがわしいですねぇ
HOTEL土奈井
HOTELおばれッ棒
1919パラダイス
クラブそっちのけ
ぜったいたのしい
がまんできなくて
自分から腕くんじゃいそう…
ドキドキ
妻を愛してるので
すみませんがそれはちょっと
うわー言いそう
うう…
そういうとこちゃんとしてそう好き…

ないないないない 好きとかないから
だめだ 最近家と会社の往復で視野が狭くなってる
だからへんなこと考えちゃうんだ
なにかに没頭したい！
趣味欲しいよー
会社帰りに通えるところ…
でもスマホ持ってたらバレちゃうし…
電源OFFにするとうるさいから
OFFにしてたでしょ GPSで分かるんだからね
ONにしたまま会社に置いとけばいいんだ
会社の近くにスポーツジムがある！
会社にスマホ置いてジム行って取りに戻って帰ろ
ジム
会社
家
そうしよそうしよ わーい!!
翌日
ランチ
よしジムのWEB入会完了した
宮脇さーん
みーやわっきさんっ！
ここいいですか？座りますねェ
うわぁなんだよ
えっ なんて？
いや…
宮脇さん今日もかわいい〜な〜
あのさぁ そういうこと言っちゃいけないんだよ
令和だからねっ
ルッキズムに該当しますよねー

……
葉山くん さあ
はい なんですかぁー
奥さんとお子さん元気ですか？
元気ですよォ 2歳と0歳です
まだそんな!?
てか1人増えてるじゃん
こないだ生まれたんですよォー
ちゃ…ちゃんと帰ってるの？
育児してますか!?
奥さんのお母さんが毎日来てやってますよ
お義母さんにやらせんじゃなくて
自分でやんなってば
だって2人ともボクには休んでろって言いますもん〜
ああ
いいから〜 まいさんは大黒柱なんだから休んでて〜
じゃあ…
稼いでるんだからやんなくていいってやつ？
そーそー！
子どもとボクだけになったことないですもん
奥さんとお義母さんで決めちゃってて細かいこと知らされないでしょ
そうです そうそう
やばっ 葉山に共鳴しちゃった
宮脇さん なんでわかるんスかー

田房のわりこみコラム 2

大黒柱をやってる女を指す言葉がない

本書『女40代はおそろしい』の登場人物のふさ子たちは、夫よりも収入があり、一家の大黒柱である女性です。

ふさ子たちの物語の前作は、コラム1でも書きましたが『大黒柱妻の日常　共働きワンオペ妻が、夫と役割交替してみたら？』というタイトルでした。

「大黒柱妻」という言葉は2019年に私が作りました。

例えば職場で結婚の報告をするシーンや、結婚式で。上司や親戚は男性に「そうか、君もこれから一家の大黒柱だな！　しっかりやれよ！」と激励する。

「どっちが養っていくの？」なんて確認してから「私です」と答えた女性に「そうか、君か、がんばってね！」と返す上司は見たことがない。

「大黒柱」そのものが男性を指す言葉のような感じがあったので、「夫より収入が多く、家族を養っている妻・女性」を指す言葉がなんでないんだよ、と思って敢《あ》えて「大黒柱」に「妻」を付けてタイトルにしました。定着する言葉になればいいと思ってました。

そして連載を始めるにあたって、実際に大黒柱妻をやっている女性に話を聞いていくと、そのほとんどが、誰にも知られずひっそりと大黒柱をやっていることを知りました。

漫画を読んだ感想でも、「そういえば自分は大黒柱妻だと気づきました。今まで意識していませんでした」という声が何件も届きました。

子どもだった昭和の頃を思い起こしてみると、クラスメートのお母さんやおばあちゃんや近所のおばちゃんで、「夫よりも働き、稼いでいて、明らかにこの人が家族を養っているな」という女性は結構いました。

でも、結婚披露宴で新郎が参列者に囲まれて「がんばれよ、大黒柱！」って言われてる時、「いえ、私が大黒柱です」と花嫁が言うなんてなかっただろうな。

昭和後期生まれの私は、男子は「お前たちは一生働いて家族を養うんだぞ」ってことを直接的にも間接的にも言われまくっていた記憶があります。女子が「赤ちゃんを産むんだから体を冷やしちゃダメッ」とか言われるのと同じ感じで。

その空気は令和元年（２０１９）になっても持続していて、「夫が専業主夫で妻が家族を養っています」という家庭の奥さんに対して周りの人たちが「ヨッ！　大黒柱！ガンバレよ！」とカラッと応援する、っていう光景はほとんどなく。世の中では「夫婦＝夫が大黒柱」がデフォルトで、多数派という意識もないほどの〝当たり前〟で。重要な手続きでは「旦那様の契約が必要です」と必ず言われるから「私が世帯主です」と訂正しないといけなくて腹立つ、という話も大黒柱妻の人たちからよく聞きました。

「大黒柱妻」が流行語になるかもね！　と思いながら2020年1月末から始まった「大黒柱妻の日常」の連載。その直後、まさかのコロナ禍に突入。

日本中の働き方がガラッと変わりました。

「コロナ禍の影響で夫の仕事が激減したため、一時的に私が家計を支えることになった」とか「専業主婦だったが、夫がテレワークするようになったため自宅に居づらくなり、自分も仕事を始めた」とか、夫婦間における仕事やお金の関係が激変する家庭が爆発的に増えたのです。

「妻が大黒柱です」「妻に大黒柱をやってもらっています」ということが特殊ではなくなり、言うのも聞くのも一気に抵抗が薄れた世の中。

「大黒柱」という言葉の「家庭の家計を主に担う人」という本来の意味が強くなり、そこから性別が消えました。それどころか「結婚時に収入が高い者と低い者は、その収入差が生涯入れ替わることはない」という長年のニッポンの前提だった就業&家庭のスタイルが、たった数ヶ月で一気に変容したのです。

実際にはいろいろ入れ替わることもあるのに、社会は「入れ替わることがない、主に男が大黒柱」という前提で作られていることへのアンチテーゼとして生まれた言葉「大黒柱妻」は、浸透するどころか「大黒柱」に「妻」が付いていることでなんか違和感のある、古びた感じの、特に必要のない言葉になったのでした。

なにが流行語だよっ！　エイコのバカっ！　恥っ！（自分の頭をポカスカ）という気持ちもありながら、「男が稼いで、女は家事」という昔ながらの夫婦設定が、コロナ禍によって崩れたのは良いことである、という心境でもありました。

男女はどうしてすれ違うか

「大黒柱妻の日常」には主に、ふさ子と夫のトシハルの〝家事育児の分担抗争〟を描きました。

2人の間に子どもが生まれた時、もともとトシハルの中にあった「男なら働いて家族を養わなければいけない」という呪縛と、ふさ子側の「今まで通り働きたい、でも育児もやらないといけない、私は女だから」という思いこみがぶつかり合います。

ふさ子は「子どもを持った女の私が今まで通り働くには、トシハルよりも収入を上げなければいけない」という思いに取り憑《つ》かれワーカホリック状態で暴走します。

そしてトシハルも、職場という外部からの刺激によって「男は働いてさえいればいい」という昔ながらの意識が変わっていきます。

そうやって2人とも、ああでもないこうでもないと対話しまくった結果、「世間的な男女の役割」に囚われていた部分が溶解し「私たちはこうしていこう」というふうに、2人だけの最適解を見つけます。

大黒柱妻になったふさ子は、ワンオペ育児をしていた頃とは行動が変わっていくのですが、それが「男って、父親ってどうしてこんなに他人事なわけ⁉」と思っていた男性たちと同じ行動だと気づき、ハッとします。

今から12年ほど前、私が1人目の子を産んだ頃、脳科学的な「脳自体に男女差がある」説が流行《はや》っていました。私はこれに猛烈に腹が立ってました。

昔（90年代）の女性誌にはよく
いい女のデート作法
高校生の頃
JOSEISHI
特集 いい女のしぐさ
IJONNA SHAMPOO
自分が支払う時でも彼の顔を立てるため
さりげなく財布を渡しましょう
と書いてあった
テーブルの下がGood♥
ごちそうさまでした♥
実に茶番

「男脳と女脳があるから、産後はこんなすれ違いが起こりがちです」という脳科学的な説ののん気さにムカついて仕方なかったのです。すれ違いが起こる原因が「脳の違い」って言われても、じゃあどうしたらいいんだ我慢しろってか、というムカつきです。女性ホルモンと男性ホルモンは違う説にも同じようにイラついてました。脳やホルモンの差があるからなんなんだ？　目の前に赤ちゃんがいて超大変、って事実は変わらないんだが？

「男は赤ちゃんが生まれても何していいか分かんないから犬をしつけるように優しく教えてあげましょう」という言説も育児雑誌に載っていた時期です。ブチギレです。

女も赤ちゃんを目の前になんも分かんねえわ！　鹿とかは生まれた瞬間に赤ちゃんが包まれてる膜みたいなの舐めて綺麗にするのとか本能で知ってるみたいだけど、人間の女はなんにも知りませんからぁ！　男と同じでどうやって抱っこするかも最初はワケわかめですからぁ！　「男は分かりましぇん」って言える余裕を社会が男に与えてるだけですからぁ！　脳の違いよりも、そういう社会の慣例のほうがすれ違いを起こしてるだけじゃないですかぁ？　そっち無視して脳の話にすり替えないでくださいますかぁ⁉　政治家を変えてもらえますぅ？　まずは政治家の脳を科学的に分析してもらえませんかねぇぇ⁉

と、目玉に血管浮かせて思ってました。

そう思っていたのは、2012年当時、「産後は女が仕事をやめて家事育児に専念して、男は変わらず働くものである」ということを前提にして日本社会の出産・育児分野が作られていたからです。「結婚時に収入が高い者と低い者は、その収入差が生涯入れ替わることはない」「世帯主及び大黒柱は主に夫」という前提もここに繋《つな》がります。

これらを前提にしている弊害として分かりやすいのは保育園が足りなすぎ問題。

2024年の今も待機児童問題は完全に解消されてはいないけど、当時は待機児童自体が問題化されていなかったし世の中に認知されていなかった。

「保育園に入れないから仕事をやめた」という女性が保育園に子どもを通わせている女性よりも多いんじゃないのってくらい、身近にたくさんいました。保育園に入園できる家庭を決める役所の職員も「今年は入れないから来年を狙ったら?」と面と向かって言ってくるのが当たり前でした。

産後の女がやるべきことは育児であり、女が仕事を丸々一年休んだり退職するのは大したことではない、という考えを隠さず、社会全体がそれを土台にして成り立っているんだ。それを当事者になってやっと知って、尻から背骨が一気に冷えました。

女に対して、本当に失礼だと思う。産後、女性である私は毎日、憤慨を通り越してほぼ噴火していました。

それまでは、育児に関することだけは明治時代からの名残をキッチリ残してる社会に個人が意見するのは不可能でした。

だけどちょうどSNSが盛んになってきて、個人の怒りや苦しみを世界に発信できて、共感する人が多ければ団結して声を大きくすることができ、国会にまで届いたり、個人が社会を変えるのが可能な時代が到来しました。

「1人で抱っこ紐で赤ちゃんを連れて出かけている男性」は私が1人目を産んだ時はほとんど見たことがなかった。でも5年後に2人目を産んだ時は、世の中が大きく変わり、1人で赤ちゃんを連れて歩いているパパを街中でたくさん見かけるようになりました。

2人目を産んだ後の私は、5年前の反動で働きまくりました。

そこで私はハッ！　としました。

家に帰るのを遅らせて育児を数十分でもサボるようになったのです。5年前は「誰かの旦那の行動」として耳にしただけでも怒髪天で怒りが湧いた、あの「奥さんは家の中、赤ちゃんと同じ空間で24時間休みがないのに、夫は仕事の行き帰りに1人になれる時間があって、それだけでも不公平なのに、仕事のフリして時間ちょろまかしてどこかに寄ったりもできちゃう」という〝男〟のズルい行動。

「家事育児を妻にまかせっぱなしにする夫」ムーブが自分の中にあることを実感しました。これは、実際に「大黒柱妻」たちに聞くとみんな「私もそう。やっちゃう」と言います。

改めて確信しました。「女脳、男脳の差、ホルモンの違いよりも、立場の差のほうが断然デッカいじゃん」ということを。

「家事育児だけをする担当」と「仕事に没頭する担当」にハッキリ分かれると、男女関係なく後者が家事育児をサボり出すのです。

「女を舐めるんじゃねえ、女にも仕事をさせろ」と夫に主張しまくってその「仕事没頭担当」を手に入れて、満喫してみたら今度は「ああ、私も同じことやっちゃうんだ。男も女も関係ないじゃん」というゼロの地点に到達するとは思ってもみませんでした。

だからこそ、男性が「男にはオッパイがないですからねえ、育児においては女性にはかないませんよ。母親って偉大ですよね」なんてフレーズには今まで以上に「黙れ」と思うようになり、女性も状況によってはそっち側になるという緊張感を持って過ごさなければいけない、という「結局男女って完全フィフティフィフティが実現できる。だからそこを目指すのが一番平和なのでは論」を自論として持つようになったのです。

ごめん
お母さん
りっくんが
熱出しちゃって
今日は
帰るね
いいのよ
大丈夫だからね
早く
寝かせてあげて
SMILE
お通夜は
僕も欠席
するかも
しれません
そうよね
りっくんの
看病
してあげて
あの…
この度は
ご愁傷様
です
おばあちゃんには
僕も優しく
していただき
ました
トシハルさん
ありがとうね
花ちゃんもまたね

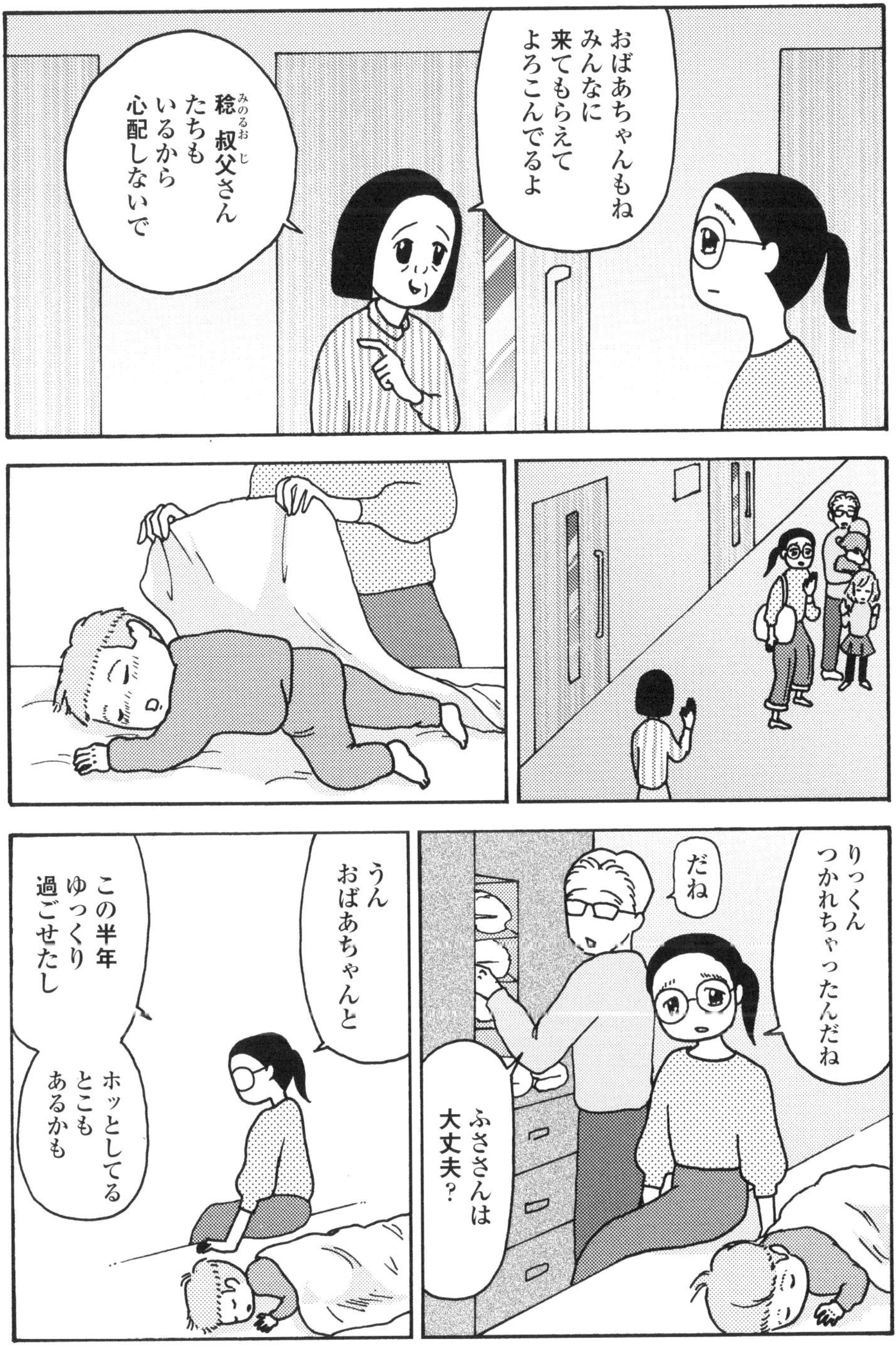
おばあちゃんもね
みんなに
来てもらえて
よろこんでるよ
稔《みのる》叔父《おじ》さん
たちも
いるから
心配しないで
りっくん
つかれちゃったんだね
だね
ふささんは
大丈夫？
うん
おばあちゃんと
この半年
ゆっくり
過ごせたし
ホッとしてる
とこも
あるかも

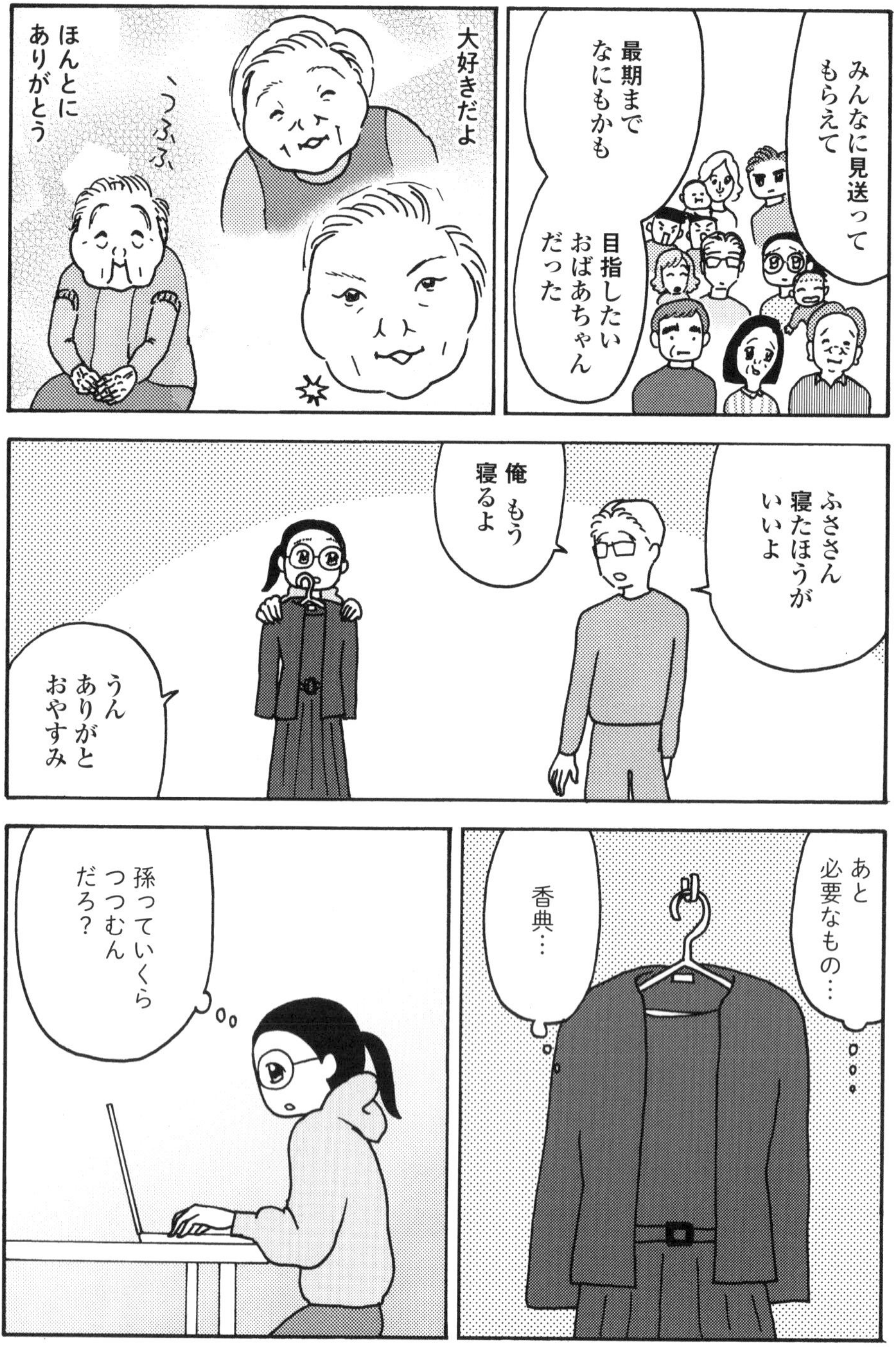
みんなに見送って
もらえて
最期まで
なにもかも
目指したい
おばあちゃん
だった
大好きだよ
うふふ
ほんとに
ありがとう
ふささん
寝たほうが
いいよ
俺 もう
寝るよ
うん
ありがと
おやすみ
あと
必要なもの…
香典…
孫っていくら
つつむん
だろ?

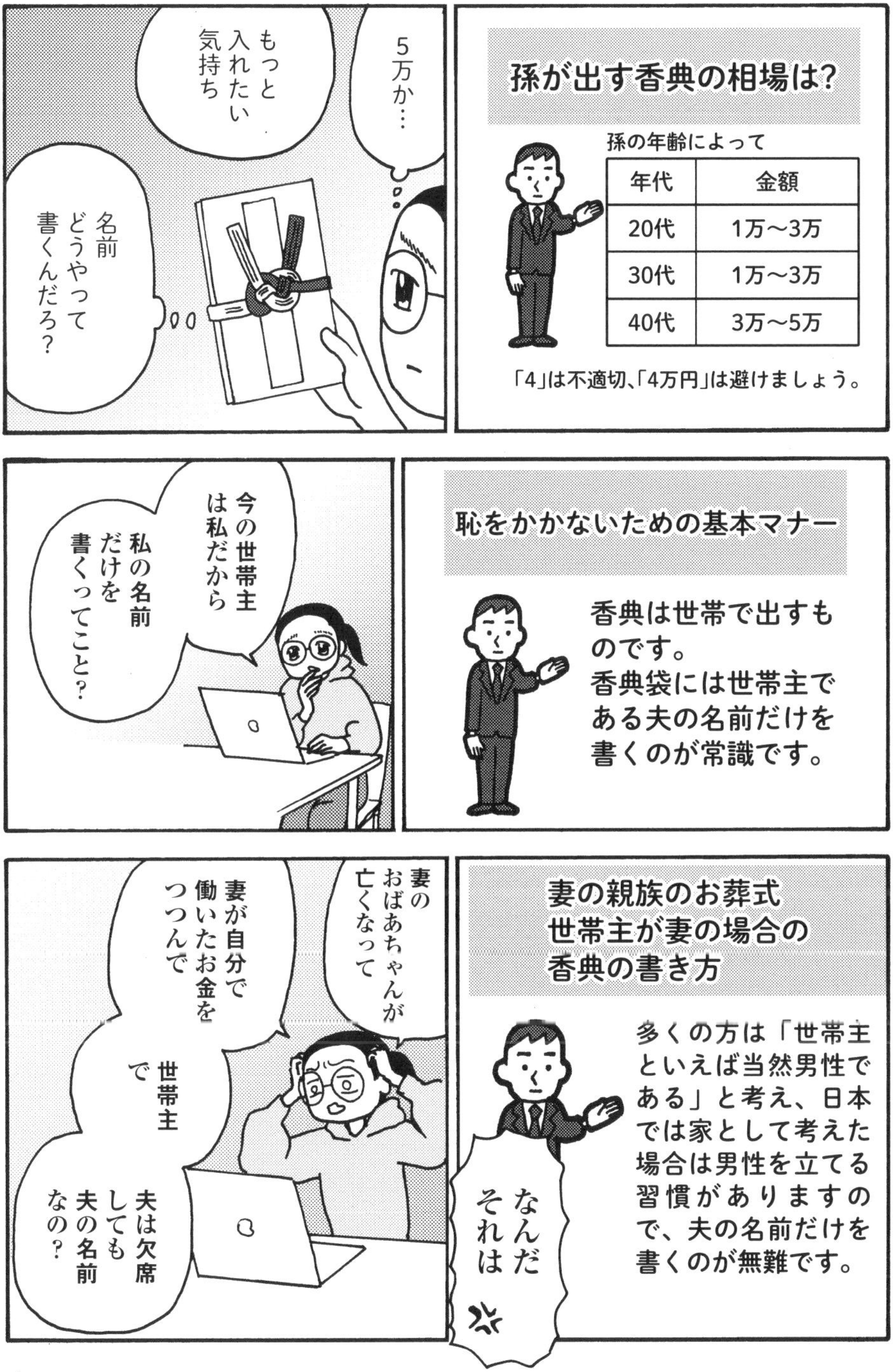

孫が出す香典の相場は?
孫の年齢によって
年代 金額
20代 1万〜3万
30代 1万〜3万
40代 3万〜5万
「4」は不適切、「4万円」は避けましょう。
5万か…
もっと入れたい気持ち
名前どうやって書くんだろ?
恥をかかないための基本マナー
香典は世帯で出すものです。
香典袋には世帯主である夫の名前だけを書くのが常識です。
今の世帯主は私だから
私の名前だけを書くってこと?
妻の親族のお葬式
世帯主が妻の場合の香典の書き方
多くの方は「世帯主といえば当然男性である」と考え、日本では家として考えた場合は男性を立てる習慣がありますので、夫の名前だけを書くのが無難です。
なんだそれは
妻のおばあちゃんが亡くなって
妻が自分で働いたお金をつつんで
世帯主で
夫は欠席しても夫の名前なの?

お答えいたします。連名は基本的にNGですが、
御霊前
丸山利晴
芙佐子
夫の名を真ん中に書いて妻は下の名だけを左に書きましょう。
なんでNGなんだよ
妻もフルネーム書かせてよ
どこを検索しても
丸山利晴
丸山利晴
芙佐子
これかこれしかダメって書いてある…
ちなみに夫の親族や職場の方の葬儀に妻のみが参列した場合、
受付
御霊前
丸山利晴
内
夫のフルネームの左下に「内」と書きます。これで夫の代わりに妻が出席したと分かります。
「内◎◎」と妻の下の名だけ書く場合もありますが慣れ慣れしさが出るので注意しましょう。
ほんとなの？
日本てこんなしきたりが「常識」で「マナー」なの？
どこを検索しても
同じことが書いてあった

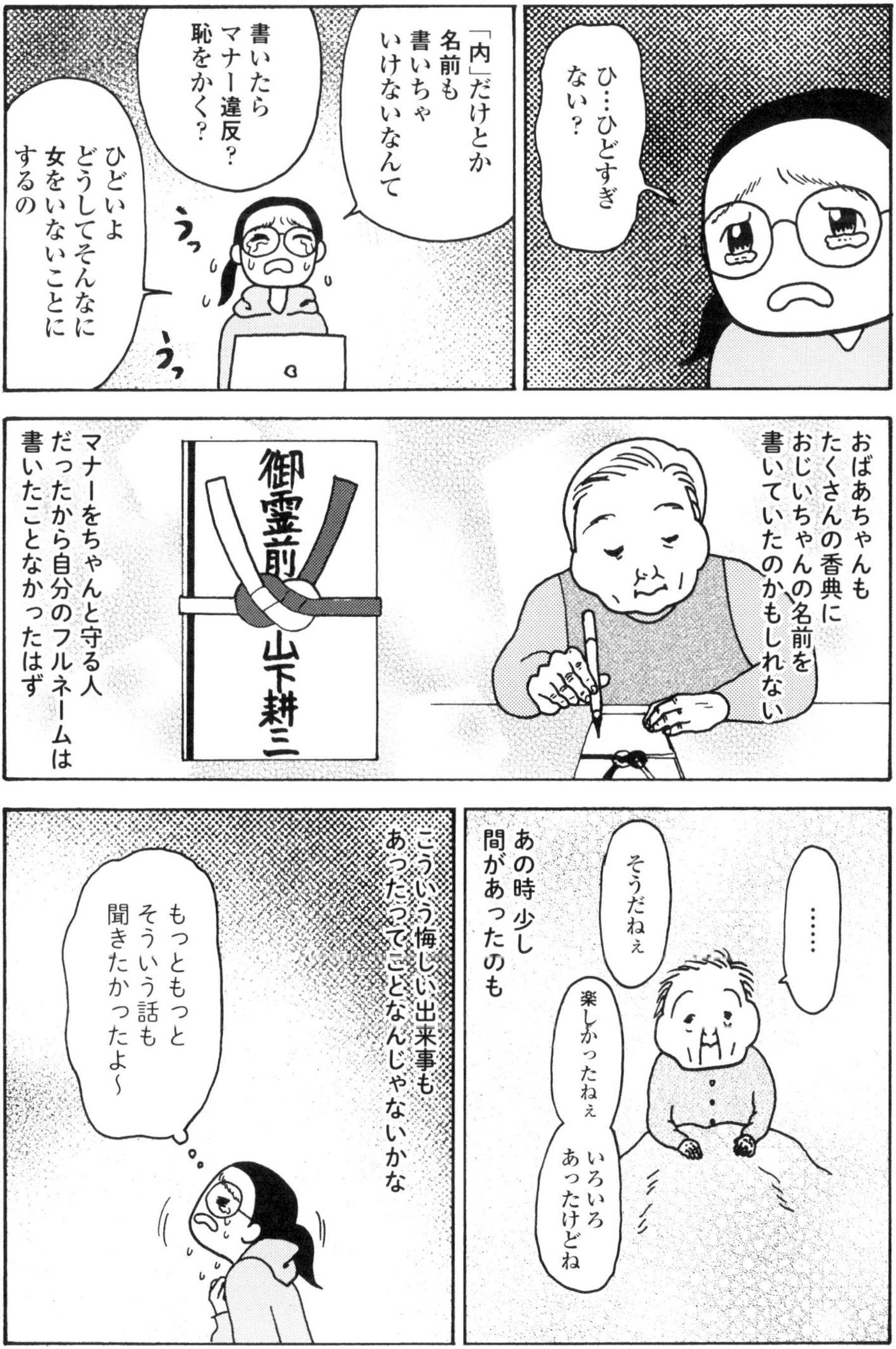
ひ…ひどすぎ ない？
「内」だけとか 名前も 書いちゃ いけないなんて
書いたら マナー違反？ 恥をかく？
ひどいよ どうしてそんなに 女をいないことに するの
うっ
うっ
おばあちゃんも たくさんの香典に おじいちゃんの名前を 書いていたのかもしれない
御霊前
山下耕三
マナーをちゃんと守る人 だったから自分のフルネームは 書いたことなかったはず
……
そうだねぇ
楽しかったねぇ
いろいろ あったけどね
あの時少し 間があったのも
こういう悔しい出来事も あったってことなんじゃないかな
もっともっと そういう話も 聞きたかったよ〜

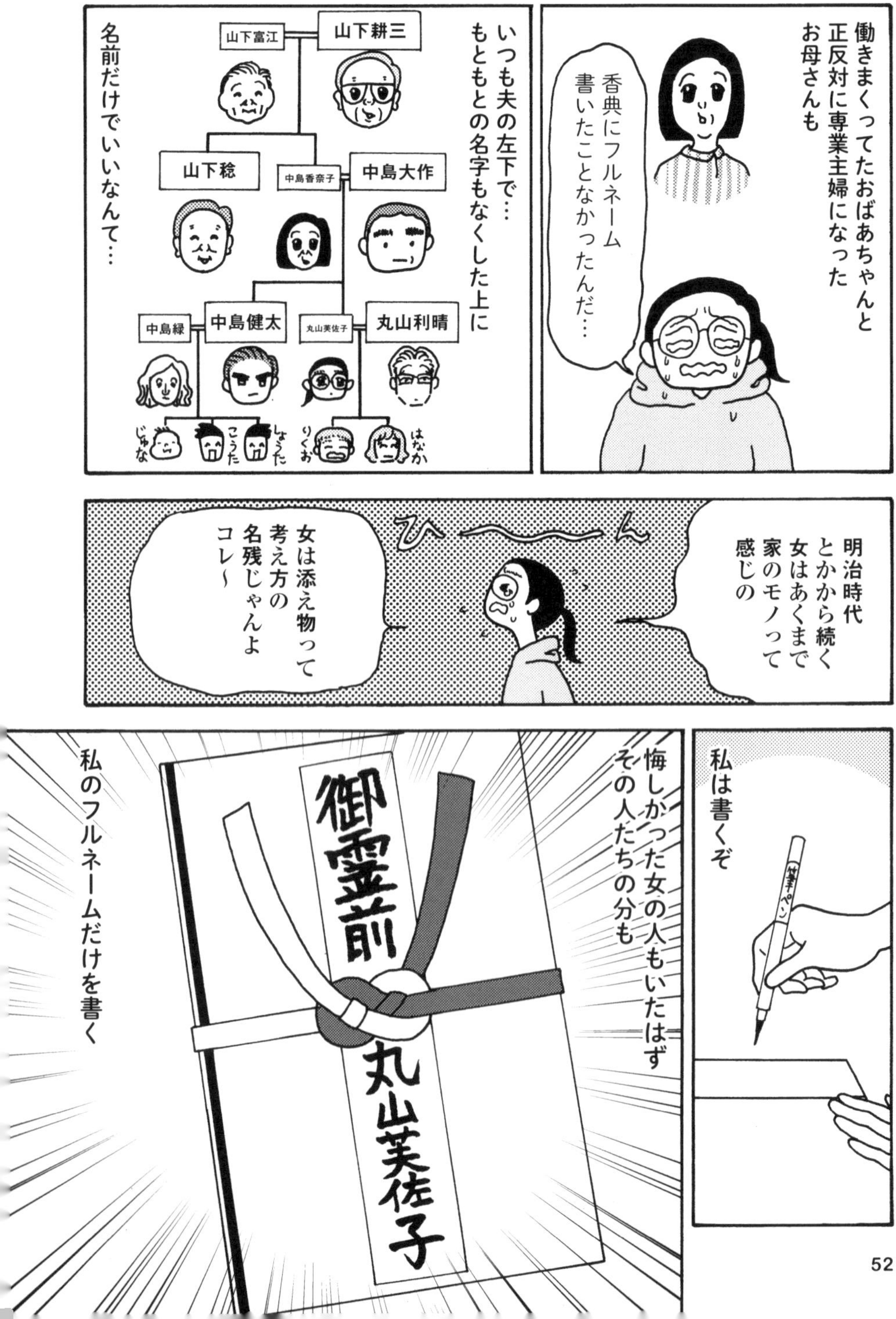
働きまくってたおばあちゃんと
正反対に専業主婦になった
お母さんも
香典にフルネーム
書いたことなかったんだ…
いつも夫の左下で…
もともとの名字もなくした上に
名前だけでいいなんて…
山下耕三
山下富江
中島大作
中島香奈子
山下稔
丸山利晴
丸山芙佐子
中島健太
中島緑
はなか
りくお
しょうた
こうた
じゅな
明治時代
とかから続く
女はあくまで
家のモノって
感じの
ひ〜〜〜ん
女は添え物って
考え方の
名残じゃんよ
コレ〜
私は書くぞ
筆ペン
悔しかった女の人もいたはず
その人たちの分も
私のフルネームだけを書く
御霊前
丸山芙佐子

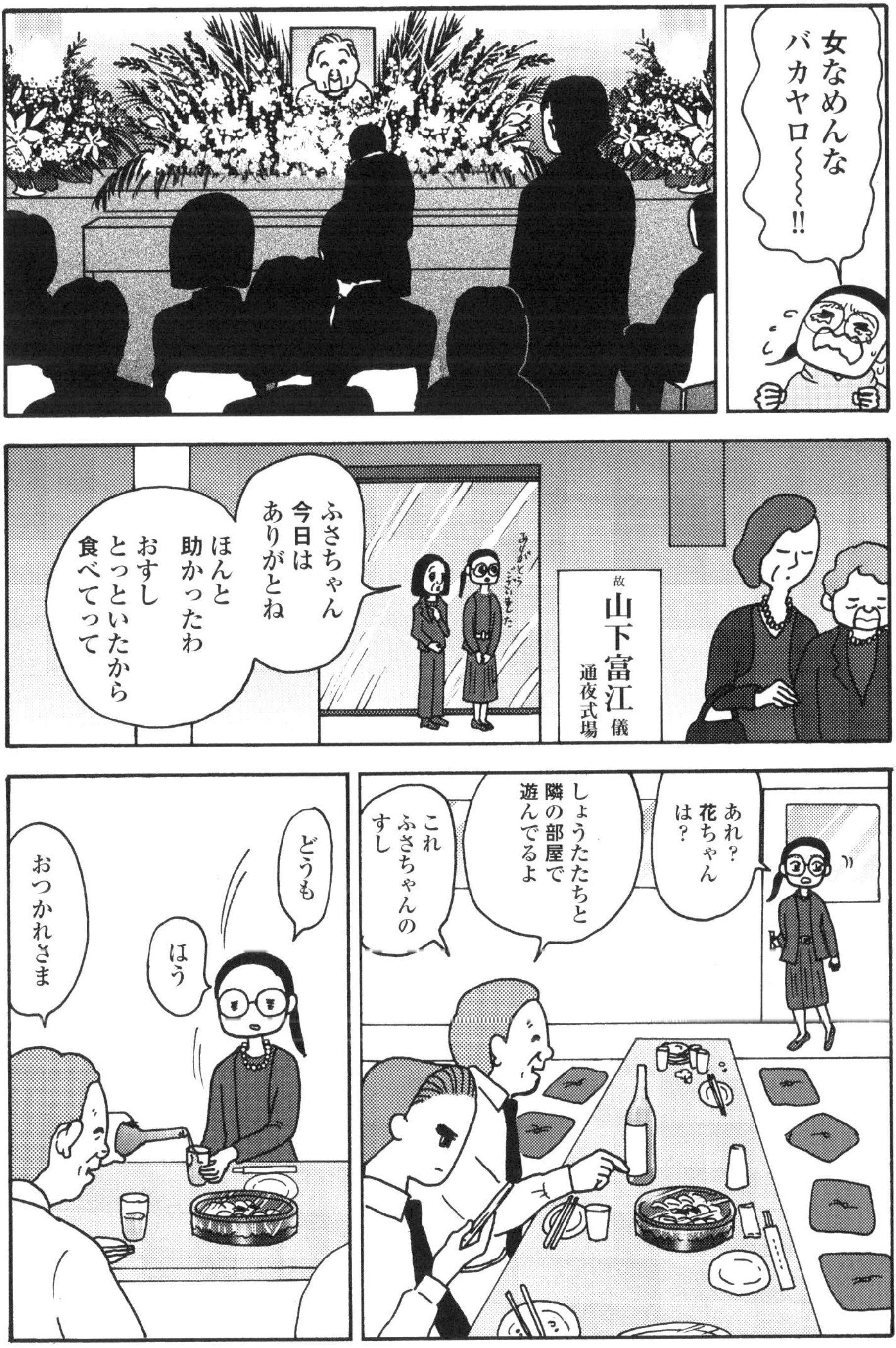
女なめんな
バカヤロ〜〜〜!!
ふさちゃん
今日は
ありがとね
ほんと
助かったわ
おすし
とっといたから
食べてって
ありがとうございました
故
山下富江 儀
通夜式場
あれ？
花ちゃん
は？
しょうたたちと
隣の部屋で
遊んでるよ
これ
ふさちゃんの
すし
どうも
ほう
おつかれさま

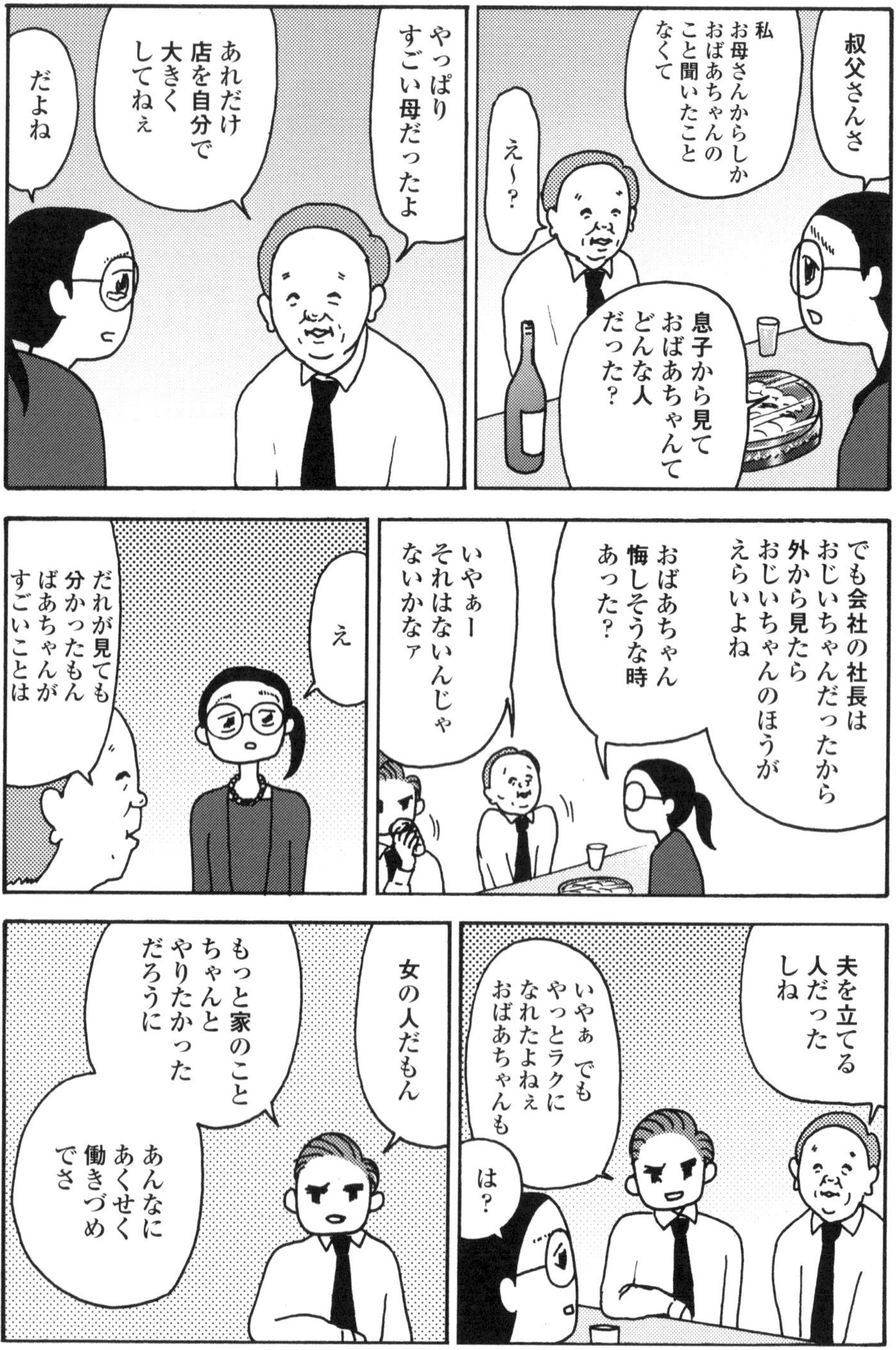
叔父さんさ
私 お母さんからしか おばあちゃんの こと聞いたこと なくて
え〜？
息子から見て おばあちゃんて どんな人 だった？
やっぱり すごい母だったよ
あれだけ 店を自分で 大きく してねぇ
だよね
でも会社の社長は おじいちゃんだったから 外から見たら おじいちゃんのほうが えらいよね
おばあちゃん 悔しそうな時 あった？
いやぁー それはないんじゃ ないかなァ
え
だれが見ても 分かったもん ばあちゃんが すごいことは
夫を立てる 人だった しね
いやぁ でも やっとラクに なれたよねぇ おばあちゃんも
は？
女の人だもん
もっと家のこと ちゃんと やりたかった だろうに
あんなに あくせく 働きづめ でさ

……
おばあちゃんは働くのすきだったんだからそんなわけないでしょ
いやいや専業主婦がいいでしょそりゃ女の人だもん
……
あのさ…いいからそういうのちょっと黙ってくれる?
わかったわかった
なんだよ別にまちがってねーじゃん
うちだって母ちゃんが専業主婦だから円満じゃんそれが普通だろ?専業主婦は女の人の特権だしさ
……はぁっ
おい健太ほっぺたに歯ミガキ粉ついてるぞ顔洗ってこいな?
まさか…あの問…
……
そうだねぇ
楽しかったねぇ
いろいろあったけどね
そういうことじゃないよね?
その夜ふさ子は
健太のやつ通夜の時運んだりなんにもしなかったくせに働かなくていい特権もってんのはお前だろ
叔父さんもお見送りしろよなーッ
家に帰ってまた泣いた

田房のわりこみコラム 3

味わうがいい、その辛《つら》さを

本書の第1話に出てくる、ふさ子に失礼なことを言ってくる人物について少し書きたいと思います。

このセリフは、Twitterで見知らぬ男性から言われたものです。彼のアカウント名はここでは伏せますが、例えばカンパニードンキー、〝社畜のロバ〟みたいな過酷な意味の名前でした。

略してパニドンさんは「大黒柱妻の日常」が更新されるたび毎回チェックしてくれて、毎回イヤミを書いてきてくれました。パニドンさんのプロフィールを見ると50代既婚男性と表記してあります。

「大黒柱妻の日常」の第2話。家庭を顧みず仕事に明け暮れ、久しぶりに早い時間に帰ってきたふさ子が、家の中を見ると真っ暗なことに驚き「もしかしてもぬけの殻？夫と子どもたち、出ていっちゃったの？」とびっくりしてるシーンで終わる回には、「味わうがいい、その辛《つら》さを」とコメントしてきたパニドンさん。

パニドンさんは基本的に、男女平等を訴えるなら、女も男と同じように、男としての苦しみを体感するべきである、というような考えなんだと思います。だから、家庭を顧みない男によく降りかかるとされる「ある日いきなりもぬけの殻」の危機を感じたふさ子に対して「味わうがいい、その辛さを」というコメントになったのではないかと推測します。

とにかく上から目線な言い方で書いてくるので、私は「またパニドンかよ！　うるせーよ!!　笑」と毎回思っていました。しかしどこかで自分の「結局、男女って完全フィフティフィフティが実現できる。だからそこを目指すのが一番平和なのでは論」とパニドン論がかぶってることも受け入れざるを得なかったのです。

それに、パニドンさんが言っていることは間違ってはいない……。

パニドン「65歳まで年金を払いながら家計を維持し続けること、仕事がなくなっても家族への責任を負うことの覚悟はできているのか」

おそろしい。40代はおそろしい……。大黒柱かどうかや家族の有無は関係なく、この覚悟をリアルに手元に携えている感覚がドーンとやってくるのが40代じゃないでしょうか。40代になってようやく、あ、これ、私、一生やるんだ、みたいな感じ。

私は20代で実家を出て自分で生活を始めた時、「醤油とかトイレットペーパーをこれから半永久的に補充しなきゃいけないんだ」ということに愕然としたことがありました。とりあえず目の前のことをこなした30代を過ぎ、40代になって「家計の維持ができるようになった気がするが、これをあと最低でも25年くらいやるってこと？　は？（笑）　しかもそのあと老後とかもあるわけ？　へ？（笑）」という、身震いと苦笑が同時に体から湧き起こる。

それをパニドンさんは私宛てのコメントでがっつり言語化してきて、「うるせえ～！」って涙目で思いました。

私を揺さぶってくるパニドンさんの言葉。それをふさ子に言う人を『女40代はおそろしい』に登場させたいと思っていました。なるべく男性とか女性とかに限定しない人物として描きたいな、と思ったんですが、どう見ても私の中のパニドンさんへの悪意が全開に出た絵になってしまいました。よくないね。よくないので、単行本にする際、差し替えようかなと思ったのですが、たぶん描き直しもしっくりこなくてこの顔になる気がして、このままでGOすることにしました。

女はフルネームを書けない

第3話でふさ子が泣かされる「香典」についても書かせてください！

これは私自身が経験したことで、このふさ子のように夜中1人で「お葬式の常識」系のサイトを見て、そのあまりの内容に「ひどすぎる……!!」と声を上げて泣きました。

ふさ子とおばあちゃんの関係は私の空想上のフィクションなので、実際の私と祖母の関係とは異なります。

私にとって祖母は、よい影響もよくない呪いも気高い生き様も途切れさせて欲しかった連鎖も、様々なものを私に見せ与えてくれた〝源〟でした。

そんなかけがえのない人の葬儀で、私1人で行く通夜（子どもたちが発熱したため）で、自分の名前を書かせてもらえないとは。

その代わり、私の祖母と2、3回しか会ったことのない夫の名前を書かないと「非常識」とされるって、それこそ非常識じゃないの⁉

悲しくて泣きながら、最後は私もふさ子のように、自分の名前をフルネームで書きました。

香典は地域とか風習とか宗教とか、いろいろな違いがあると思うので、今はこんな決まりは守らなくていいのかもしれません。でも私が2016年に体験したこの香典

について の出来事は、もし今後、香典の決まりが変わったとしても、こういうことが「常識」となっていた瞬間があっただけだとしても、それを漫画に描き起こして出版しておきたいと強く願っていました。それが今、果たされました……！（ワーワー私の中で鳴り響く歓声）

葬式や法事に関しては、女たちは何かを切ったり盛ったり注いだり運んだりとにかく働いて、男は座って談笑している、という光景が私にとっては馴染み深いです。これも地域によっていろいろ違うと思うし、お葬式セレモニーの形式もどんどん変わっていってると思うけど、10代、20代の頃から感じていた違和感はやっぱり未だに多くの現場で残っています。

夫の親族の法事の時、なんだか流れ的に私（女）がいろいろ台所仕事をしないとおかしい感じがしたので（己の内面に宿りし「こういう時は女がやるものである」が発動）甲斐甲斐しく働いたことがありました。

その時、夫は遠く離れた席でボーッとハニワみたいな顔をして時を過ごしていました。普段は家事育児を自分のこととしてやりまくる夫が固まっているのを見て、「おいっ！　お前の親族だろが！　おまえがやれや!!」と念を送りまくりました。しかし

夫も私と同じように、法事というイレギュラーな場面で、彼の内面に宿りし「男は談笑に勤《いそ》しむべし」が発動しているのではないか、とも思いました。発動しながらも夫の中で「いや、でも、これでいいのか？」という疑問も湧いたことにより、男性陣の談笑にも入りきれずハニワ化していたのではないかと勝手に分析しました。

葬儀の中では逆に、出棺（棺を親族たちで持ち上げて運ぶ）という「男の作業」もあります。棺を運ぶぞ、ってなった時に急に「男性の方、持ってください」っていうのがありますよね。「はい、若い男性から順に」ってやつ。

ああいった「重いものを運ぶ」時は「女

の人は何もしなくていい」が私の中に染み付いているので、ボーッとハニワみたいな顔でただ待ってしまいます。

そして、ハニワ顔で思っていることは、「私も持ちたいのにな、なんで触らせてももらえないのかな」とか「すっごく重いだろうな、なんか申し訳ないな」とか「男の人だからって腰が悪い人とかもいるだろうにな」とか「若い男性は絶対に断れない状況だよな、親族勢揃いだしな」とかです。

最終的に「滅多に会わない親戚同士でいきなり重たいものを持って、もしバランスを崩して棺がバーン!! って落ちて開いたらどうしよう!」とハラハラし始める頃にはもう出棺は終わっているのです。

私がもし大金持ちのおばあちゃんになったら、遺言書に「私の葬儀での台所仕事と出棺は、プロに頼んでアウトソーシングするように。遺産で」と書いておきたいです。

第4話　夫が口をきいてくれない

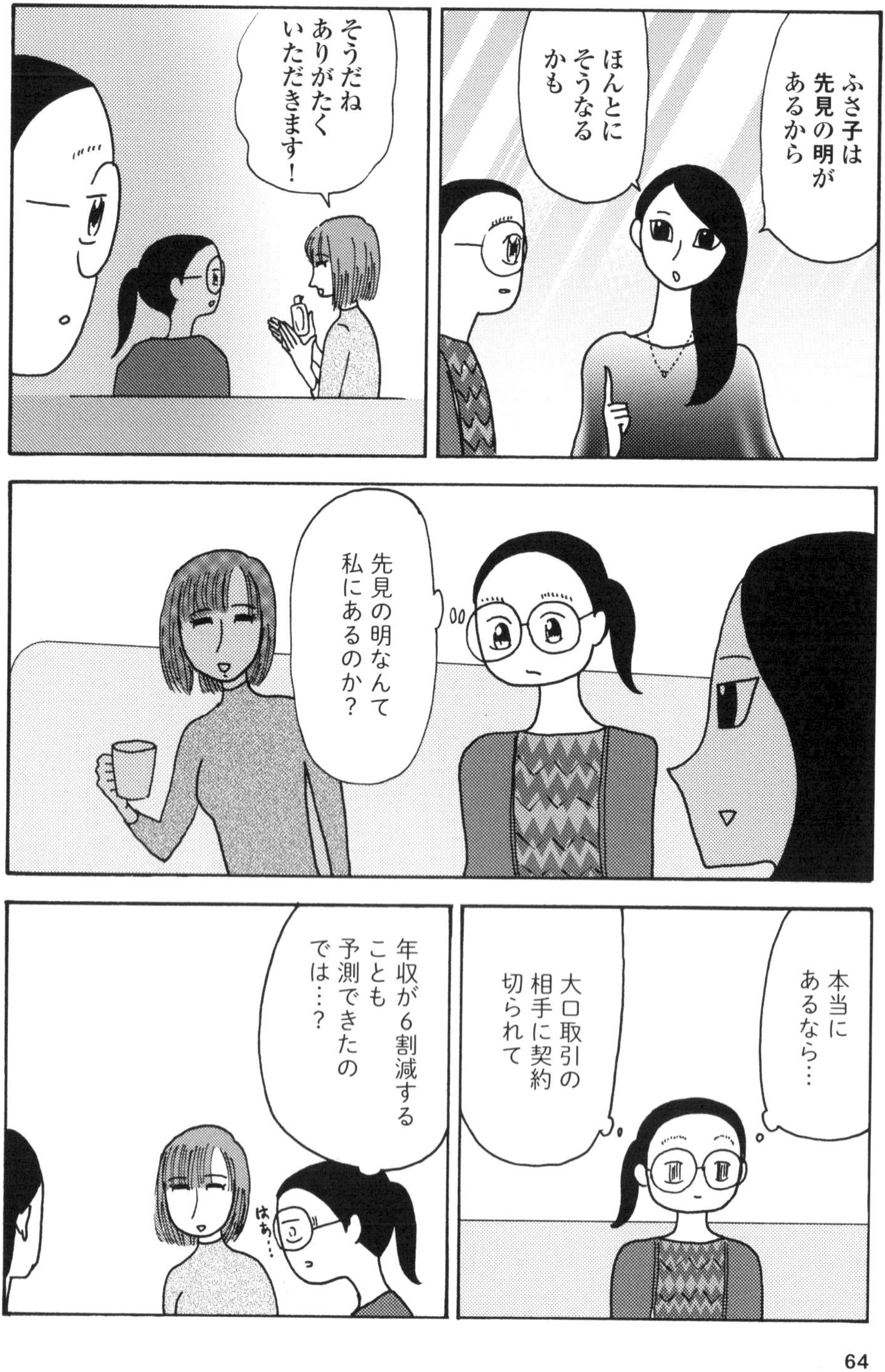
ふさ子は先見の明があるから
ほんとにそうなるかも
そうだねありがたくいただきます！
先見の明なんて私にあるのか？
本当にあるなら…
大口取引の相手に契約切られて
年収が6割減することも予測できたのでは…？
はあ…

私…
お金ないのに
めちゃくちゃ稼いでこんなキラキラしてる2人に
なんで頼まれてもないもの買ってあげてるんだろう…
だからダメなんだよ…
早く帰って『金持ち父さん貧乏父さん』読まなきゃ…
私最近スポーツジム入会したんですよ
あいいね
それでジムから会社に帰る時に
アハハ
自分で笑っちゃう
会社の近くなんだね

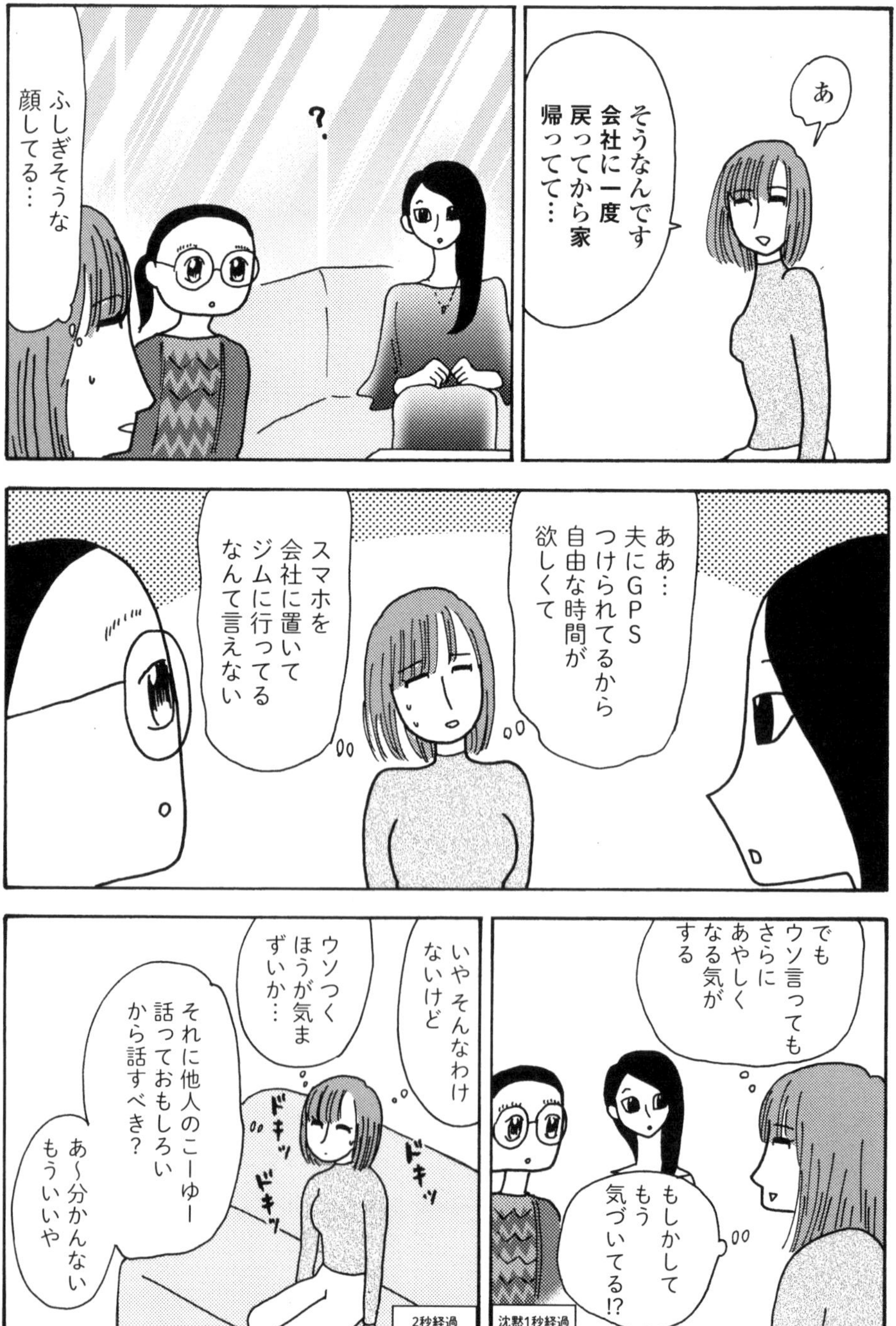
あ
そうなんです
会社に一度
戻ってから家
帰ってて…
?
ふしぎそうな
顔してる…
ああ…
夫にGPS
つけられてるから
自由な時間が
欲しくて
スマホを
会社に置いて
ジムに行ってる
なんて言えない
でも
ウソ言っても
さらに
あやしく
なる気が
する
もしかして
もう
気づいてる!?
沈黙1秒経過
いやそんなわけ
ないけど
ウソつく
ほうが気ま
ずいか…
それに他人のこーゆー
話っておもしろい
から話すべき?
あ〜分かんない
もういいや
ドキッ
ドキッ
ドキッ
2秒経過

実はァ
うちの夫が
…
えー GPS
大丈夫なんですか？
夫が心配性だから
もう慣れちゃった
そんなア
ガチャッ
いらっしゃーい
バインミー作るけど食べます？
わーーい こんにちは〜
あれっ えっ カオリさんの夫さん
なんか雰囲気ちがいますね

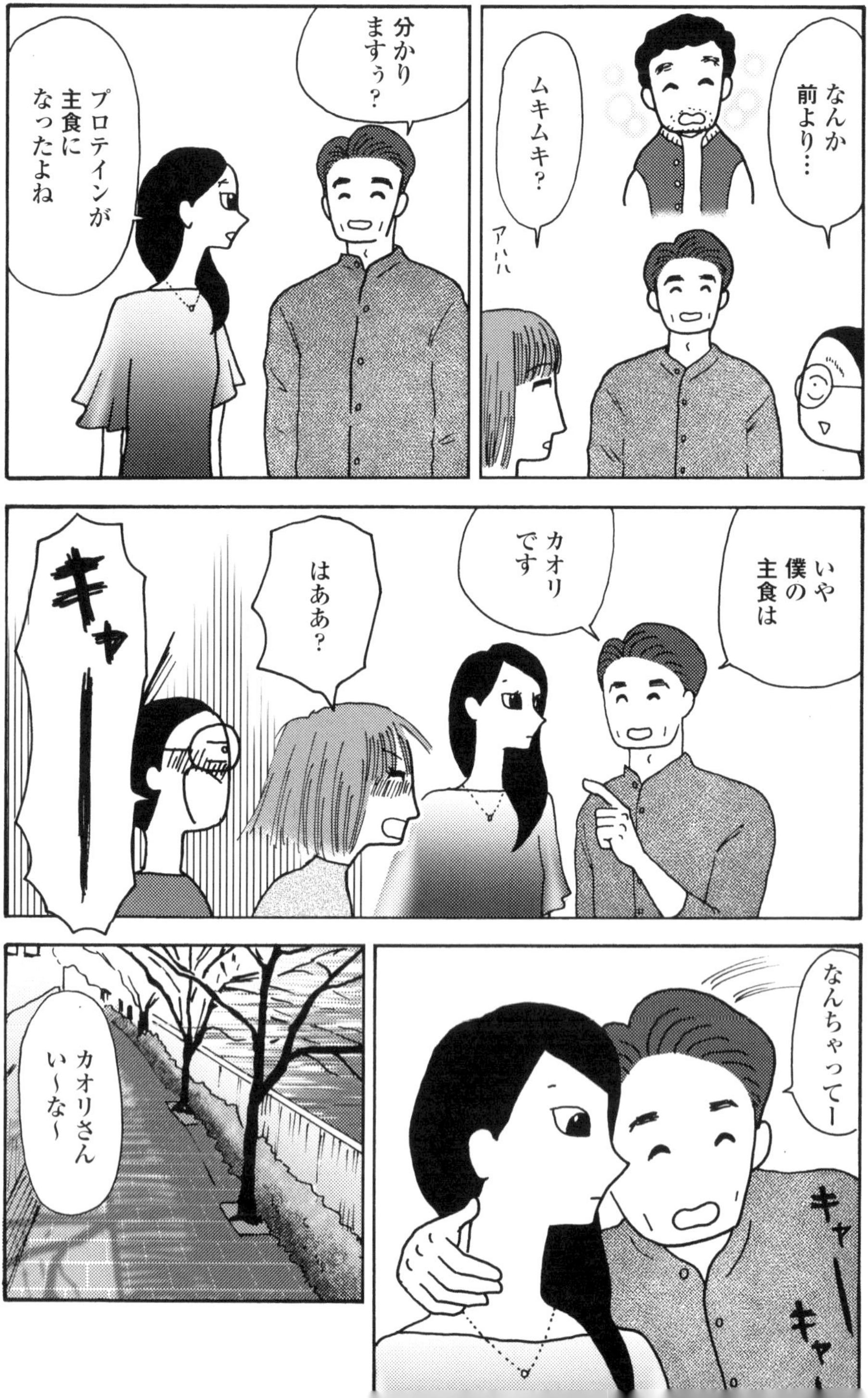
なんか前より…
ムキムキ？
アハハ
分かりますぅ？
プロテインが主食になったよね
いや僕の主食は
カオリです
はあぁ？
キャ――
なんちゃってー
キャー
キャー
カオリさんい～な～

潤ってるよね…金も愛もアッチもソッチも
バインミーもなんだあれうますぎだろ…
年々潤沢が増してますよ!!
あんなホテルのラウンジみたいなお家《うち》だけでもうらやましいのに
夫の体も大きくなっちゃってすべてを手にする女っているんだね～
あの…

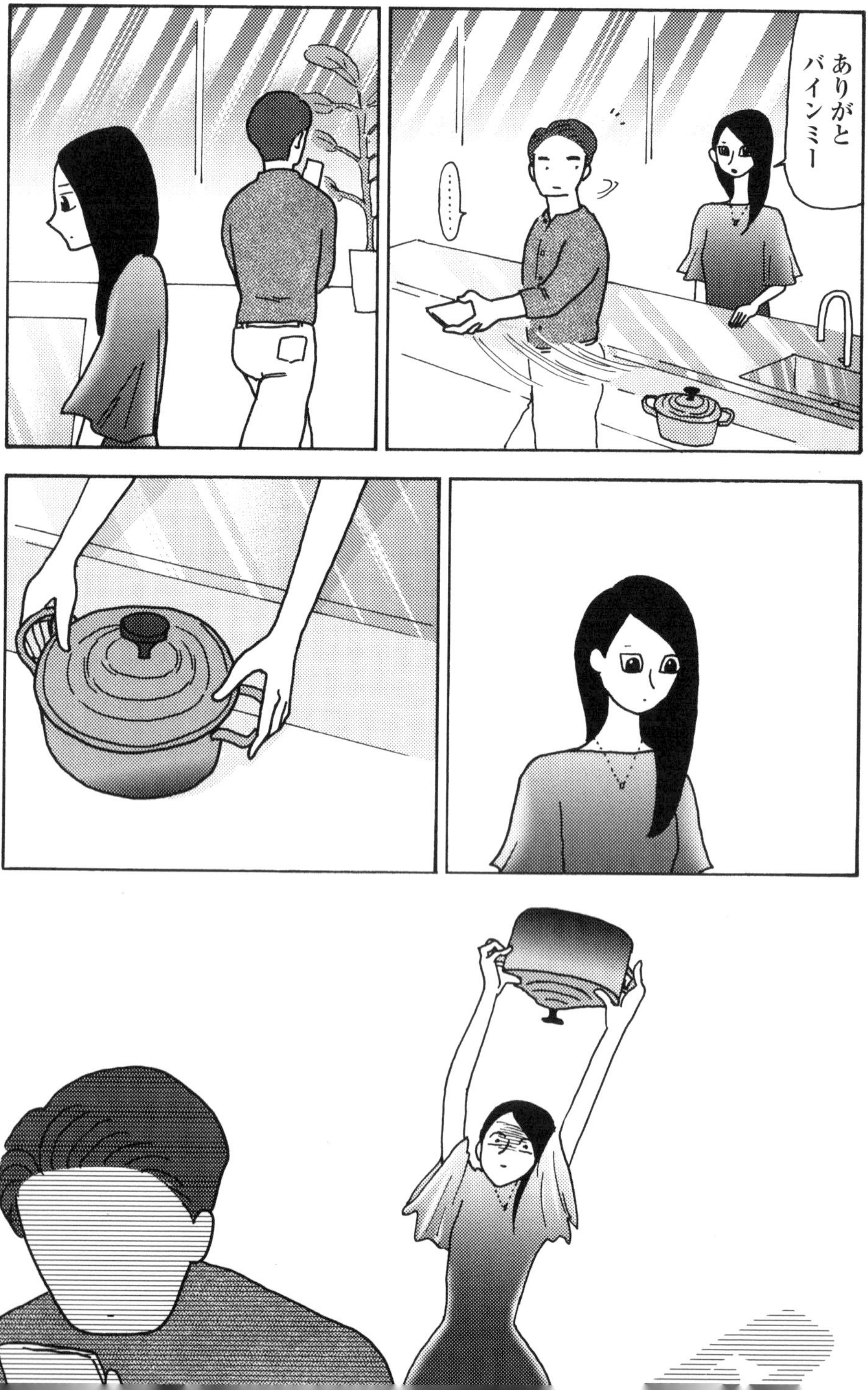
ありがと
バインミー
……

最近この妄想
しちゃうな～
捨てとこうかな
この鍋
そりゃ
私が悪かった
あのさ
もう3回目
くらいだけど
言うの
ん？
女性は
挿入前の愛撫に
よって全体の快感の量が
大幅に変化するの
…ああ

前にLINEに送ったHOWTOのページちゃんと見た？
これ分かりやすいから ちゃんと見といてね
あなたを満たすSexyコラム
大好評シリーズ！
性技も氷河期世代の40代男性へ告ぐ
いまさら誰にも聞けない「正しい前戯」を徹底攻略せよ
何を言ってもいつも
はい はい～い
ニコニコしてたのに
その日は何も言わなくて
そのまま私と2人の時は全く言葉を発しなくなってしまった
あ…そっか…業務みたいに言っちゃいけなかったんだ
もう遅かった
夫の体はみるみる大きくなって
いつも誰かとLINEするようになってしまった

第5話 夢

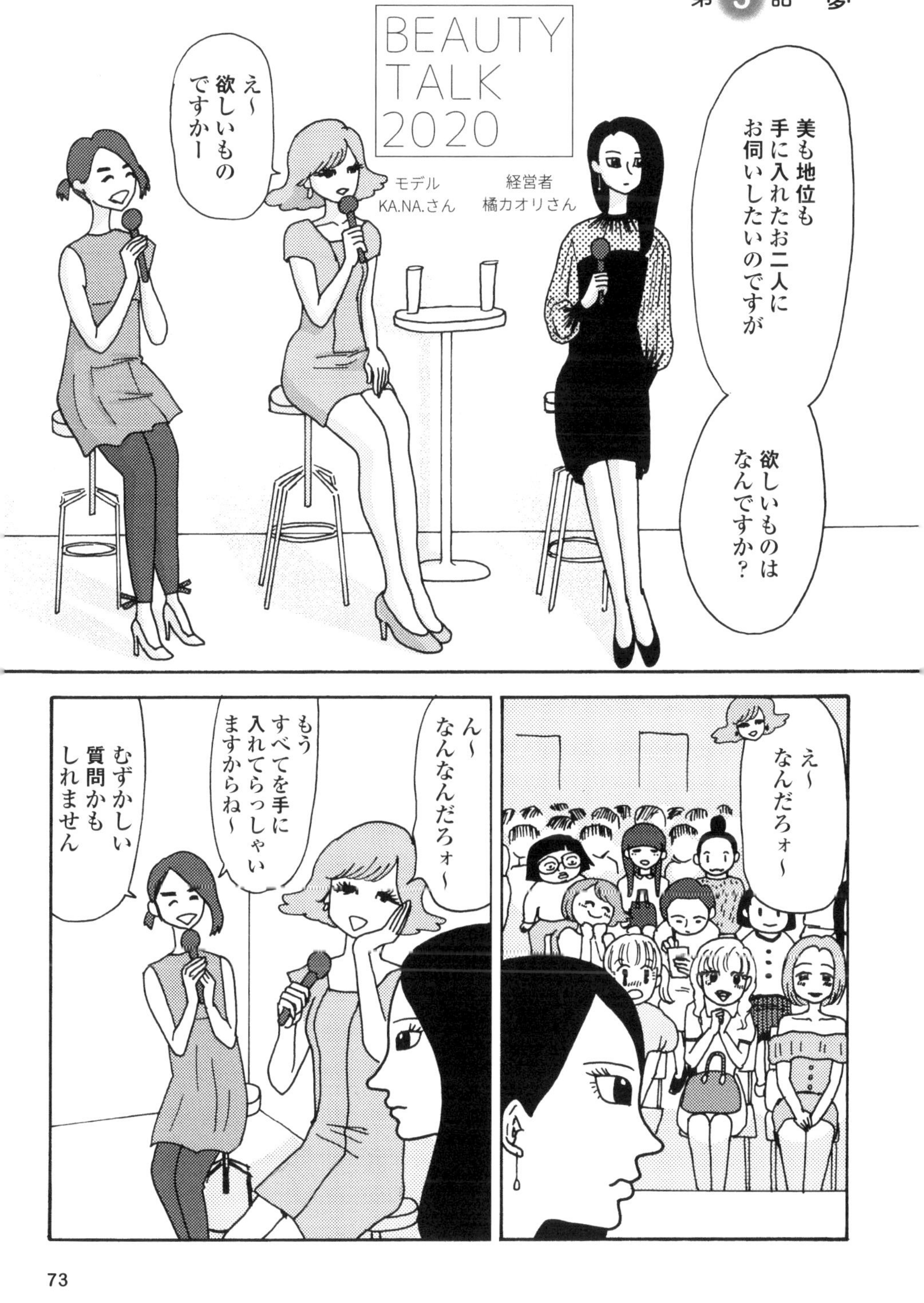
BEAUTY TALK 2020
モデル
KA.NA.さん
経営者
橘カオリさん
美も地位も手に入れたお二人にお伺いしたいのですが
欲しいものはなんですか？
え～欲しいものですかー
え～なんだろォ～
ん～なんなんだろォ～
もうすべてを手に入れてらっしゃいますからね～
むずかしい質問かもしれません

カチッ
カチッ
あなたのラグジュアリースペースを
吸いながらはさんでゆらす…
まさかのトリプルマッサージが実現。誰もまだ出会ったことのないNEWセンセーショナルな没入をあなたへ…
1
カートに入れる
VIBRATION OF LOVE
23,700YEN
カチ
カチ
カチッ
おととい買ったアレ…早く届かないかな
なんだろォ~そうですねえ
オーラが欲しいです ハリウッドスターみたいな
もうお持ちじゃないですかァ~
ほんとは血管まで表現されてるリアルなやつが欲しかったけど
勇気がなかった…
欲しいものはアレ…
カオリさんはいかがですか?

BEAUTY
TALK
そうですね
私の会社のホテルに
たくさんお客様が
いらしてほしいです
まあ
お客様の笑顔が
プレゼントと
いうことですね
そうですね
パチ
パチ
パチ
今日には
届く
かなー
ガチャ
カオリさん
おかえり
なさ〜い
ちょうど今
終わりました
失礼
しまーす
ああ…
おつかれ
さま…
じゃあまた
来週
来まーす
おつかれさまー

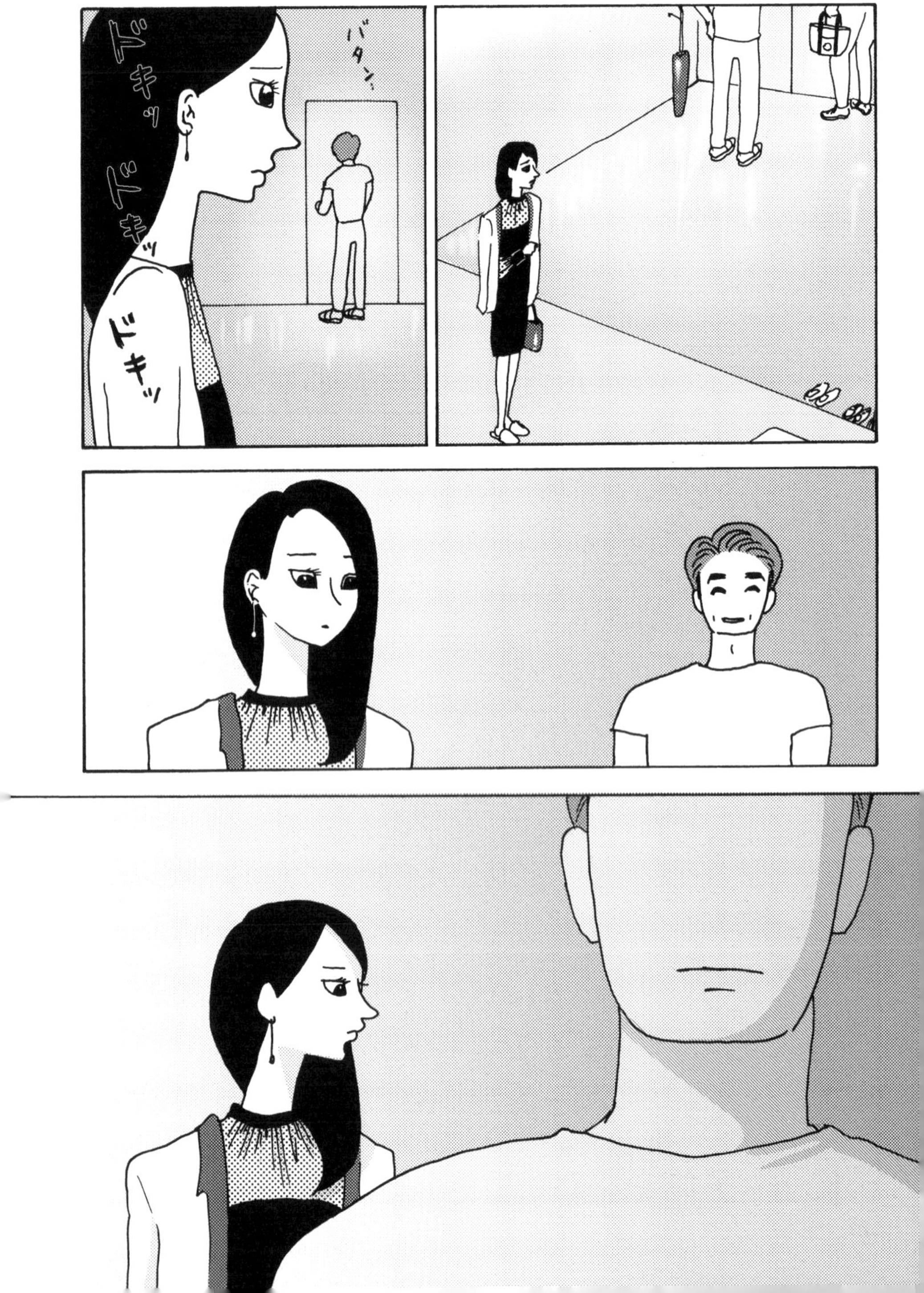
バタン
ドキッ
ドキッ
ドキッ

もともと夫は家政夫だった
うち父親が働きっぱなしで全く帰ってこない家だったんです
小学生の時からそういうの絶対イヤだなーって思ってて
俺絶対働きたくないんです家事だけやっていたい
家事は極めてます
いさぎよいですね
その頃の私は離婚したばかりで弱っていて見かねた秘書が行きつけのバーで
マスターここ拭いときますねー
ごめんね
洗いましょうか？
客なのによく働く男をスカウトしてきた

人手が足りなくて応急処置で数日だけ頼むつもりだったのに
タカヤくんて働きたくないって言ってるけど
人一倍働くよね
縫ってくれてありがと～
社会的な生産性のある労働はしたくないってことです～！
家事は趣味なんで！
!?
家事も社会的で生産性のある労働だよ
え？
「家事は趣味」って
文章が成立してないよ
家事は趣味になりえないから
え

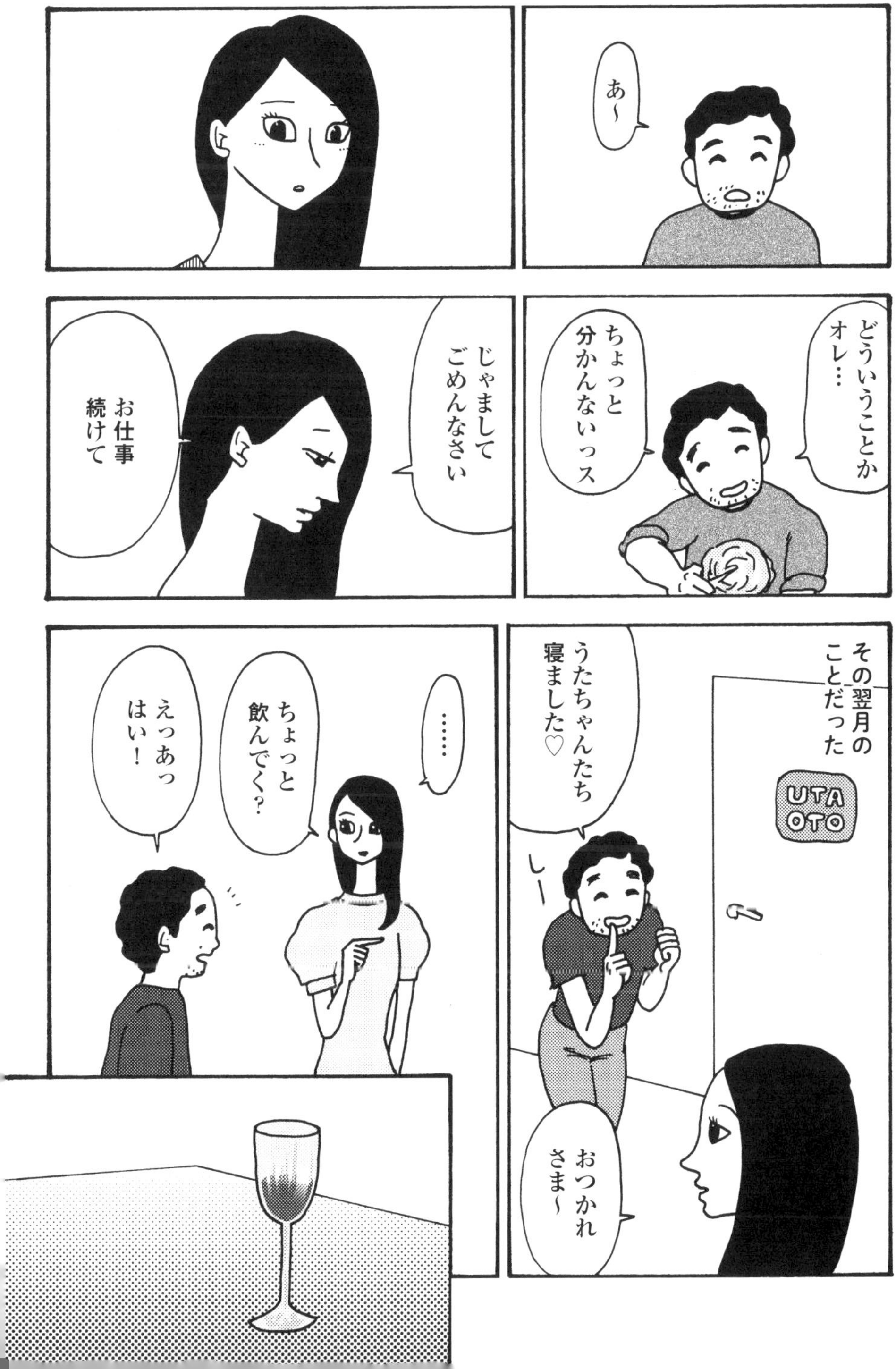
あ～
どういうことか オレ…
ちょっと 分かんないっス
じゃまして ごめんなさい
お仕事 続けて
その翌月の ことだった
UTA OTO
うたちゃんたち 寝ました♡
しー
おつかれ さま～
……
ちょっと 飲んでく?
えっあっ はい!

こないだの家事は趣味って話覚えてます？
思い出したんですけど…
母親がよく言ってたんですよね「家事は趣味みたいなものだ」って
ああ…
親父は大学病院の院長で母にそういうことを言ってたわけじゃないけど
家庭の雰囲気がそうなってたっていうか
うん
でもヘンですよね「家事は趣味」ってヘンだわ

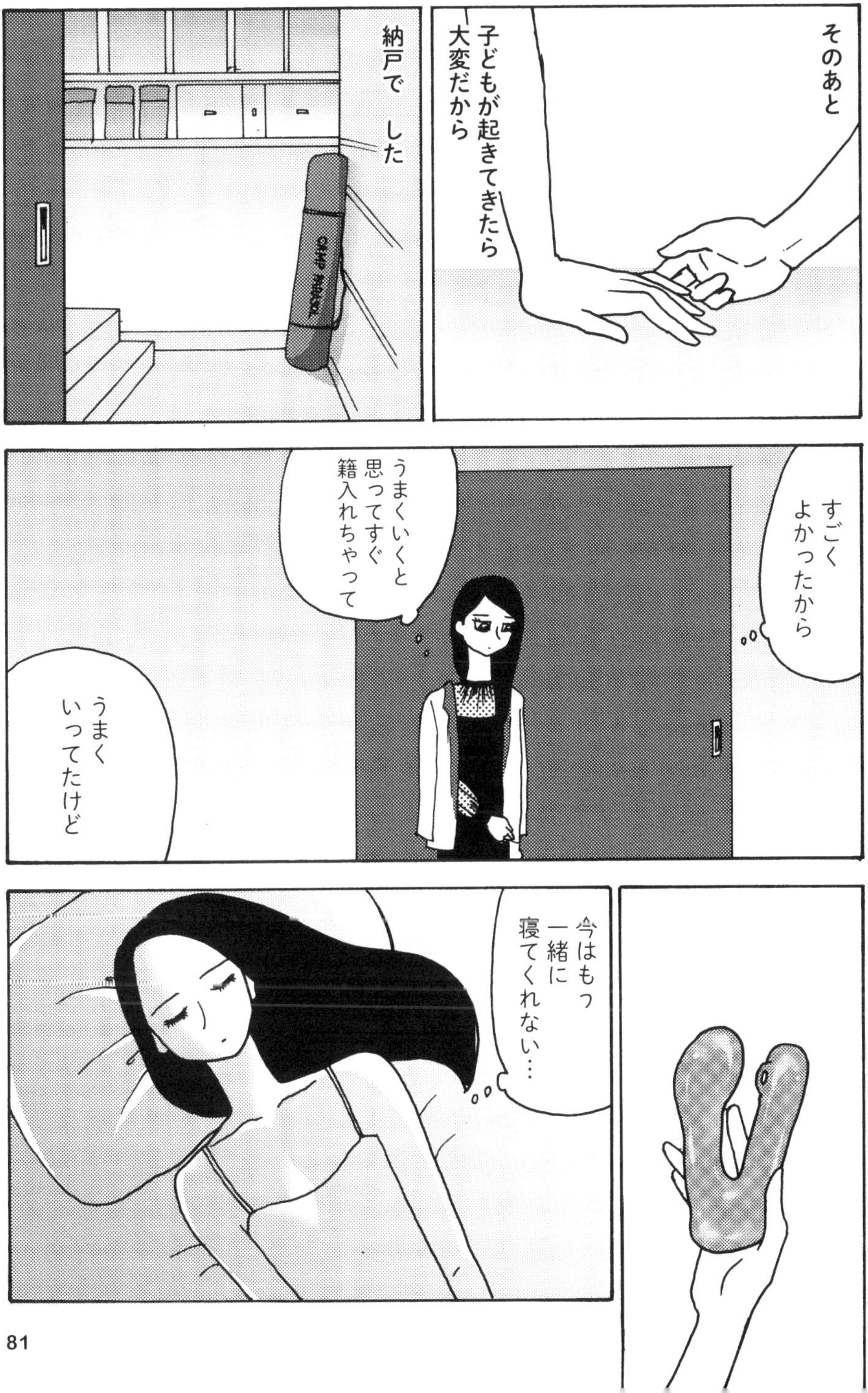
そのあと
子どもが起きてきたら大変だから
納戸で　した
すごくよかったから
うまくいくと思ってすぐ籍入れちゃって
うまくいってたけど
今はもう一緒に寝てくれない…

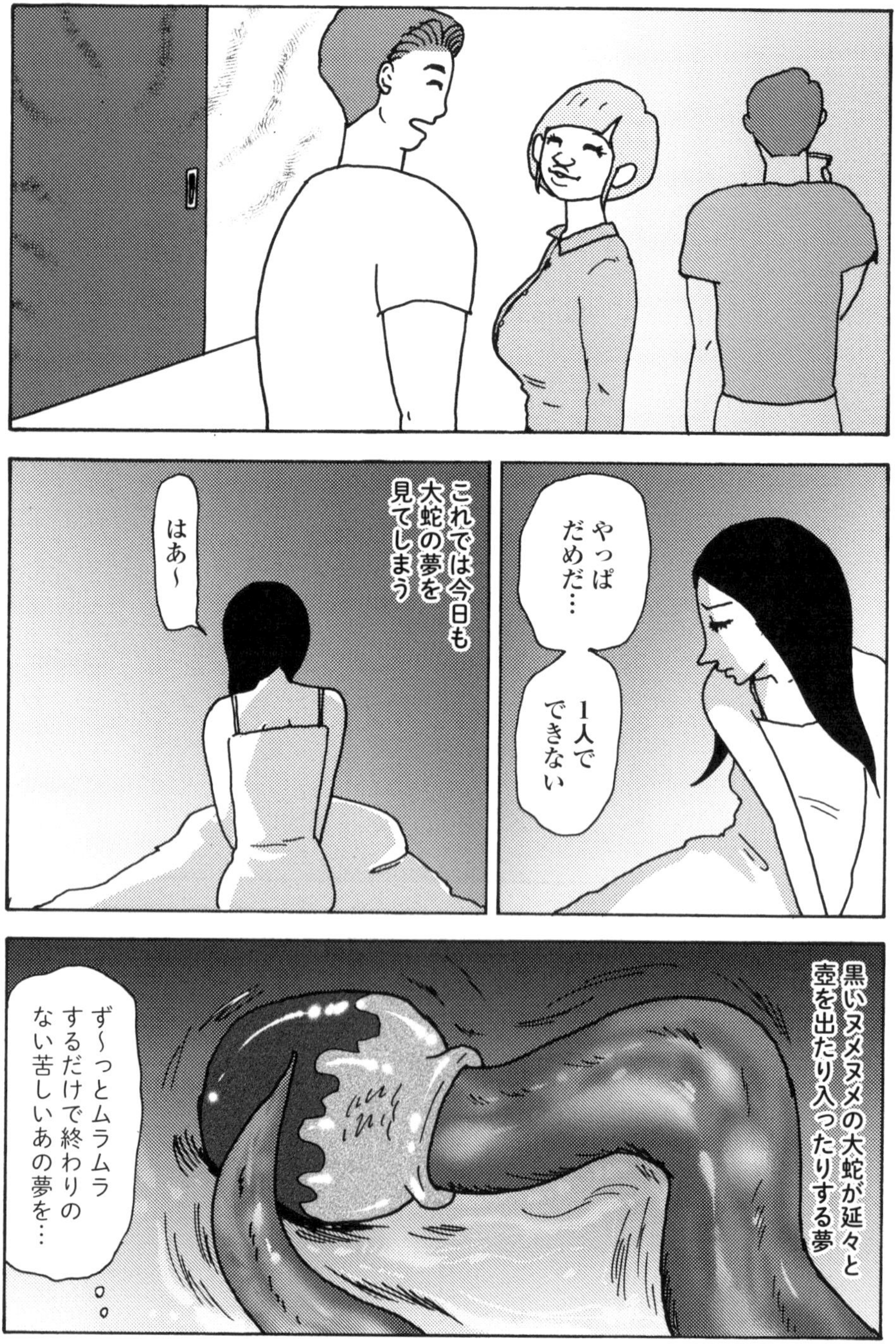

やっぱ
だめだ…
1人で
できない
これでは今日も
大蛇の夢を
見てしまう
はあ～
黒いヌメヌメの大蛇が延々と
壺を出たり入ったりする夢
ず～っとムラムラ
するだけで終わりの
ない苦しいあの夢を…

らくらく整体
TAPPY
OPEN
ママ〜
タピオカ飲みたい
え…? ああ…
480円…!!
OPEN
480YEN
タピオカミルクティー
そんなに高かったっけ?
OPEN
480YEN
行こ
今日はいらないよ
えー
おでかけなのに…
ちがう… 前まで値段見てなかっただけだ

何も考えずに
身にならないものばっかりに
お金使いすぎて
気づいたら
ぜんぜん
お金なくなってた
あんなにあった
収入はどこへ消えた？
娘にタピオカも買って
やれないって!?
のみたかったな～
これからどーすんの
学費とかかかるのに
全身から
血の気が
ひいていく
って
こういう
感じなんだ
な…

3月末で
契約は終了って
分かってたし
2020 3月
2020 4月
新しい取引先を
見つければいい
だけなのに
体が…頭が…
動かない…
気ばかり
焦って…
どうして…
どうして
こんなことになったんだっけ
去年末
私が手がけた
ご当地ゆるキャラの
グッズの
ロイヤリティ契約が
突然終了して
別のキャラに
変わってた
モヒすけ
地民市まつり
毎年 6月30日 7月1日 開催
新キャラ
ポケロン
お披露目!!
あたらしく
なったポケよ
そう…
理由も
よく
分から
ない
まま…

な…なんで
でしょうか 急に…
何かあったん
ですか？
2019
地民市
まつり
地民市
まつり
いやあ〜…
私どもも
上から急に言われ
まして
詳しくは分から
ないんです
ここだけの話
うちの市長が替わってから
身内へ業務委託
するようになってるって
いうのはあるんです
決して丸山さんの
実力がないとか
ではなくて…
長年お世話に
なっていたので
なんと申し上げ
たらいいか
いや…
そういうことも
ありますよね…
売り上げの一部が私に入る
契約は年度末まで
延ばしてくれることには
なった
でも店頭グッズは
全部ポケロンに
変わってしまって
ポケロン
カワイイ
のか コレ？
フォルムは
同じじゃん
市民の
掲示板に
「元にもどせ」
コールが
あるかも
…
ない…
カチカチ
そんな…
大したこと
じゃないよ
大丈夫だ
ふさ子
カチ
カチ
そうは
思うのだが

テストで級上がったぁー
りっくんとび箱とんでたよ〜
入会受付
んー
SHIN KAN SEN
キッズ運動クラ
習い事だっていつまでやらせてあげられるか…
購入必須のリュックとかユニフォーム2人分めちゃくちゃ高かった
KIDS SPORTS CLUB
KIDS SPORTS CLUB
広告しながら歩いてるのに高いとは…
なんでもない感じで入会したけど
ここに引き落としの口座を…
は〜い
習い事とか子どもに関わるお金だけは…
死守しなきゃ…
はあ…
はあ
ふう
りっくんが歯からにゅーって出すー
こら
はあ…
あーあ

元プロマジシャン ドゥ～次郎（42）
借金地獄から奇跡の復活!!
富豪の宮殿
妻はいつでも明るく僕を支えてくれました
収入が激減した時もイヤな顔ひとつせず
これがお金のない時妻がよく作ってくれた料理です
夫を富豪へ導く丼
いいよなああ男はさあああ
はあ～～…
内助の功があってさ
はぁ～あ…
はあああ
ちょっとふささん
最近大丈夫なのっ
おばあちゃんが亡くなって…まだ4ヶ月だから仕方ないと思うけど…
心配になるよ
えっ
あ…ごめん
新型コロナウイルスも大さわぎだしね
コロナ禍ってさ渦じゃないんだって知ってた?
禍々しいの禍が正しいんだって

ん…
ど…どうしちゃったの
なんかあったら話してよ
俺もふささんに話したいことがあるからさ
え？
ドキーッ
なに？悪い話？
仕事やめるとか？そういうやつ？
えっなんで？仕事？
やめないよ
よ…よかった…私…がんばるからさ…
新しい契約もとってくるし
なんなの　どうしたの
仕事でなんかあったんだね 契約って
いや別に
絶対あるでしょおかしいって
ちゃんと話して！

あ なーんだ
契約が 終わった だけかぁ
?
だけ…って…. 収入がすごい 減って…
どうするの これから 暮らしていけるか分からないよ
ぶッ
ごめん ふささん すごい顔 だから
アハッ
?
なんで 笑うの?
ごめん 分かるよ めちゃくちゃ こわくなるよね
俺もふささんにワンオペさせてた時 月に1回はすごいこわくなってた
はぁ〜…
自分の収入だけでやっていけるのか?って
そういう時ってさ 自分の奥さんも 働いてることとか さっぱり 忘れちゃって
なんか全部 1人でやんなきゃ いけないって 思い込んでる っていうか
ああ…

だからふささんが
仕事も家事も育児も
やってるってことも
意識の中になくなってて
俺はこれ以上早く帰ってこれないよ!?
ムチャ言わないでよ
私はすでにムチャな状態なの
自分だけものすごい大変なのに家事までさせんのか みたいな
俺にどうしろって言うの
ま 実際大変は大変だったんだけど
もっと力を抜いてよかったんだ
だからまぁ仕事してる以上契約切られるとかってあることだし
ビビったら俺に言ってよ
うん
何も言わずにビビってる姿だけ見せられるほうがビビるからさ
ハハ
先のことばっか考えてこわくなって動けないなんて本末転倒だね
まぁふささんフリーランスだし
こわくなることもあるよ そりゃ
そだね
何で悩んでたか分かんなくなった
トシさんすごいね
俺の方が大黒柱歴は長いからねー

そうだね…
1人で抱え込んでた
そうだよ
ありがと…
トシさんは？話したいことって？
ああ それなんだけど
俺は不満がある
え 何
ふささんともっとセックスしたいです
は？
何？
してるじゃん
2ヶ月に1回とか足りなすぎる

へ…へぇ～…
そ…そうなの？
ふささんは？そんなにしたくない感じ？
そんなことないよ
ホント!?
よかった
でも今4人で寝てるからなかなかさ

そうなんだよ！
2人のタイミングが合ってるかもしれないのに
2人の間に距離がある
OKとなっても
わざわざ別室へ移動の手間
合意とりづらい
確認しづらい
Living
寝かしつけてる間に寝てしまったりする…
LINEで約束してもできないことも結構あるもんね
トシ
今夜どうでしょう？
Ok
コクコク
寝室の環境を変えることも視野に入れたい
トシさん真剣だね
真剣だよ！
俺 もう42だし
おとろえていくだろうし
ボーッとしてたら
このまましなくなる気がして

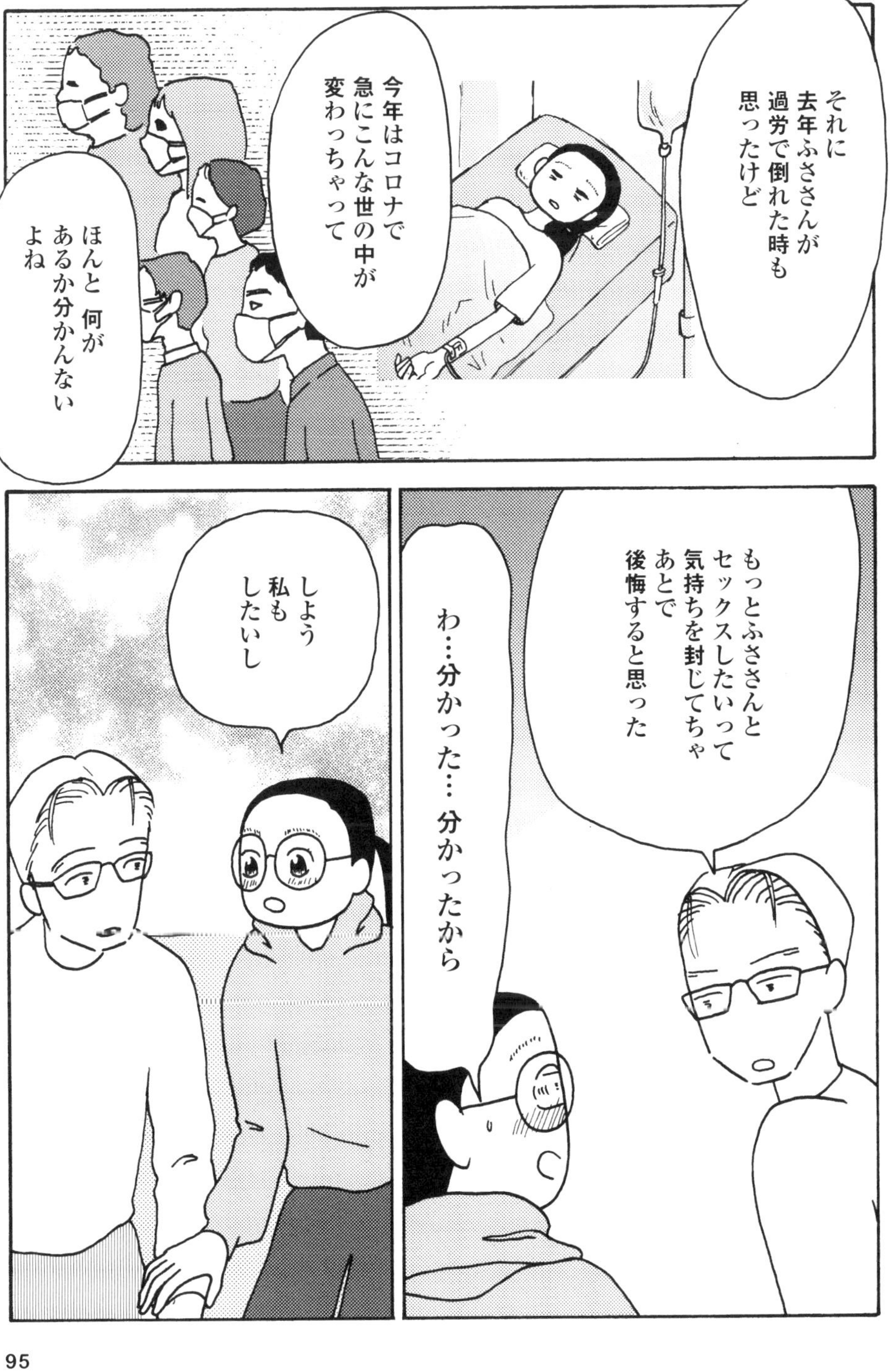
それに去年ふささんが過労で倒れた時も思ったけど
今年はコロナで急にこんな世の中が変わっちゃって
ほんと 何があるか分かんないよね
もっとふささんとセックスしたいって気持ちを封じてちゃあとで後悔すると思った
わ…分かった… 分かったから
しよう 私もしたいし

やったー
なんだろう…この気持ち…
うれしくないわけはない
でも…前みたいにはできない
上は脱ぎたくないし
胸はさわらないでほしい
花ちゃんとりっくんに母乳あげてから
もともと小さかったのに今はもうえぐれてるみたいになってしまった

自分でもつらくて
見れないところに
なっちゃったから
もう最近は
ささっと
インを
するだけ
それだけ済ますって感じで
超クイックリーに
なってた
トシさんは
回数じゃなくて
濃密さのことを
言ってるん
だろうな
ぐっ
さわっちゃだめ
なの？
どう
して？
いたい？
いたくないよ
にっっ肉が
なくなってさ
もともと
ないけどさっ!!
やわらかくないから！
さわっても仕方ないよね

……
ふささん
俺の手とか
さわってみて
どこさわっても
固いでしょ
やわらかいとこ
尻くらいしか
ないよ
俺からしたら
ふささんの体は
どこも
やわらかいよ
カシャン
それにおれ
ふささんに
きもちよくなって
ほしいんだよ

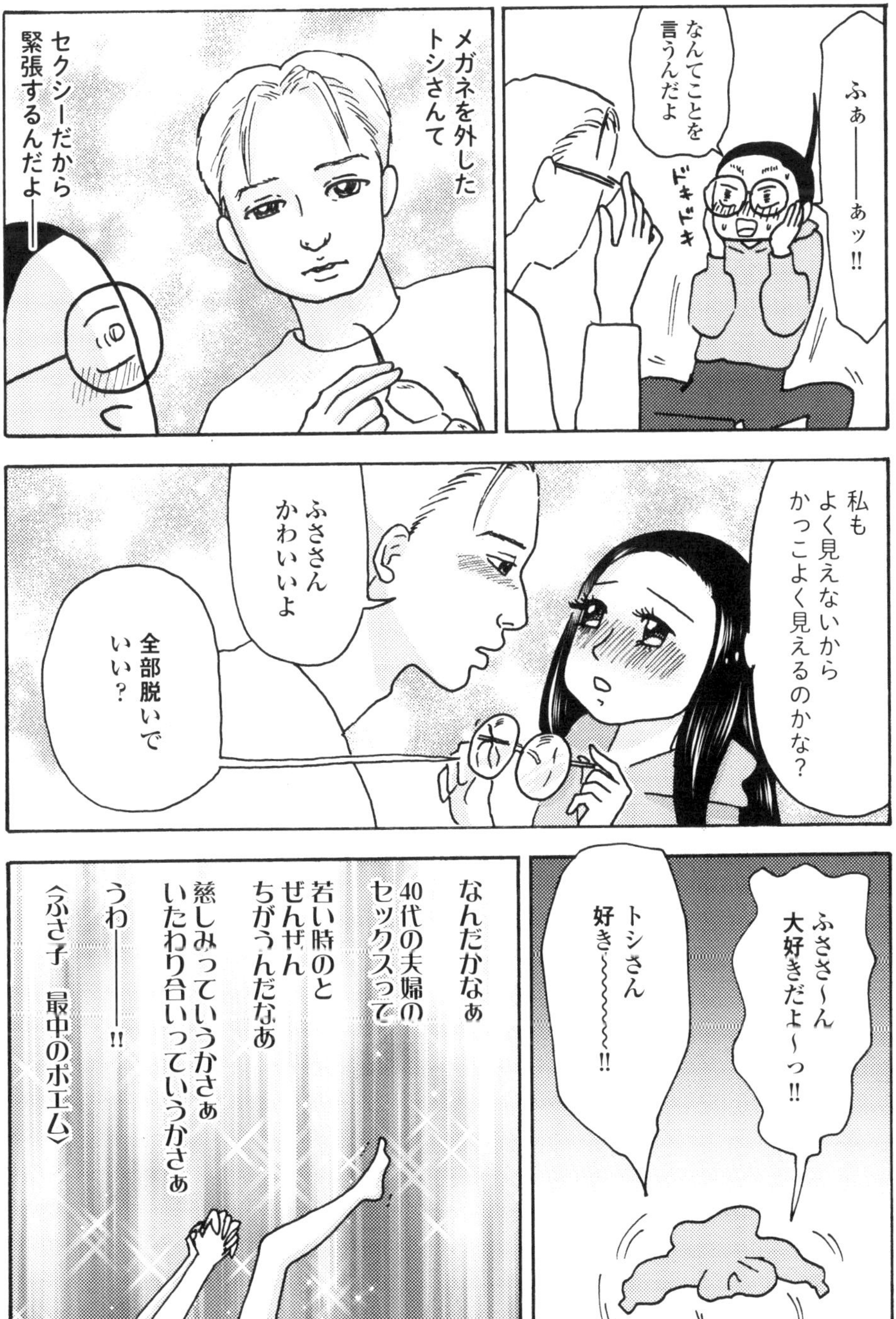
ふぁ――――ぁッ!!
なんてことを言うんだよ
ドキドキ
メガネを外したトシさんて
セクシーだから緊張するんだよ――
私もよく見えないからかっこよく見えるのかな?
ふささんかわいいよ
全部脱いでいい?
ふささ〜ん大好きだよ〜っ!!
トシさん好き〜〜〜〜〜!!
なんだかなぁ
40代の夫婦のセックスって
若い時のとぜんぜんちがうんだなあ
慈しみっていうかさぁ
いたわり合いっていうかさぁ
うわ――――!!
〈ふさ子　最中のポエム〉

男と女なんだけど
トシさんより どこもやわらかいんだ 私の体 うれしい
はじまっちゃったら 男も女もなくなる みたいな
このまま全裸で 寝てしまいたい
まずいよ…シャワーあびて 服着て寝ないと
ウトウト
こうして ふさ子たちが夫婦の 寝室を独立させる 計画を
本格的に 立てはじめた 頃
はぁ〜
まいさんは ほとほと 困っていた

テレワークになって
家にいなきゃいけないのに
ず～っと姑がいる…
洗濯おわったし
お茶にしましょッ
それでさッ
秋川さんはぇ
ちょ～っと熱～が出たかもなんて話してたところでさ
陽性かァ
こわいよなぁ
田所いるじゃん
あいつもいま
検査結果待ちだって
仕事なんて
できるかよッ
熊沢さんのとこの三男さ
仕事やめたんだって
えー コロナで？
それがさァッ
な～ァんか
分かんないんだけど
サ～ァ、ちょ～っとじゃァ
フツーのやめ方じゃないらしいのヨネ～ェ
うんうん
家事しながらとはいえ
もう3時間も
同じような話を
してる…
夫…
どうして
平気なんだ？
むしろ楽しそう
聞いてる
ほうが
耐えられないよ
コロナ前は
夫と姑が仲良いといろいろ
都合がよかったから
なんとも思わなかったけど
なんだろう…
ものっすごいイライラ
するし
気持ち悪い…

2人の間にねばっこい何かが
濃厚に往復しているのを感じる…
セックスできない相手と会話でセックスしてるみたいな…
おえっっ
お義父《とう》さんもいるんだから家に帰ればいいのに…
えっ
パッ…パンツ!! 私のパンツ お義母さんと夫でたたんでる!!
私のは別にしてあるのに!!
さわらせないでって夫に言ったのに!!
私の…よごれもの入れわざわざあけてある…
カラッ
お願い…早く終わってコロナ…
無理…!!
ハァ…
ハァ…
加賀見さんに会いたい!!

田房のわりこみコラム　4

40代のセックスってのは

ふさ子の夫・トシハルは今回、かなり理想的な夫として描きました。

察してくれて、寄り添ってくれて、励ましてくれて、大したことないよと言ってくれて、しっかり言語化して伝えてくれる男性。こんなやつおらんやろー！　と思いつつ、逆に現実ではこういう男性がパートナーであるって人もいるんだろうな、と想像しながら描きました。

40代は「1人で抱え込む」をどうやって解くかがカギな気がします。

1人で抱え込んでしまえるようになる年齢。失敗して人の手を煩わすという経験を積んだことにより、このままだと人に迷惑がかかるという察知能力が身に付いて先に「人に頼る」ことを理性的に計画的にできるようになる年齢。つまり「1人で抱え込む」こと自体もコントロールできちゃう年齢。

トシハルのように、パートナーの「抱え込む」を的確に解放してくれるってすごいなあと思います。

そしてトシハルの、老いに伴うセックスへの焦りを正直に話すところとか、要求をしっかり言葉にして相手にたずねる姿勢は見習いたいなと思いながら描きました。

先日、久しぶりに夜出かけ飲み会に行ったら、性癖についての話になりました。もう長らくそんなテーマで友人知人と会話してない。

私、こういう話大好き〜!! と思って聞いてたんだけど、自分の性癖がまったく思い浮かばなくなってることに愕然としました。え? エロ話が大好物だったはずなのに……。

20代の頃はああいうふうにしてみたい、こんなこともしてみたい、とあれこれ思ってたことを思い出しました。

何か特に分かりやすくコレといったものを挙げるとしたら、私は屋外に興味があったと思います。しかし、そういうことに興味がある相手と巡り合うことはなく、今日《こんにち》に至ります。

では今、それをしたいか?

とオノレに問うと、まったく、ぜんぜん、したくない。まず落ち着かないですよね。ていうか単純に捕まりますよね。「【閲覧注意】木陰でおばさんとおじさんが!【メタボ】」ってタイトルで動画をアップされる危険性もありますし、何より集中できませんよね? 集中できないセックスってもう要らないんですよ。

40代のセックスは1回1回が貴重ですからね。おたちになっていただいてありがと

うなんですよ。「入ってくれてありがとう」なんですよ。湧き上がるのは感謝。それが、40代のセックス！

それに比べて20代の頃の私のセックスは、駆け引き要素が強かったです。自分の見た目に自信はないのに、そういう時だけ自分の体や性が相手にとって価値がある部分だという前提で行動するような。

一方40代の私にとってのセックスは、「長年2人きりで無意識に作り上げたコミュニケーションの型《かた》をさらに深めていくという創造の行為」みたいになってます。壮大なのに他人からしたらなんの価値もないという点も愛おしい。

20代よりも強くなる？

なのに、そういうのをスッ飛ばして語られる言説に、以前から腹が立っています。「男の性欲は20代がピークで女の性欲は40代がピーク」ってやつです。

私が見たのは10年以上前、「アンケートを集計したデータ」でした。

今は10代、20代の女子から支持されているモデルやアイドルの女性がテレビで「1人でしている」ということを明言してるし女性用風俗もある時代だけど、2000年代当時は、単純に20代の女性が「性欲あります」とアンケートの場で答えづらいという空気がありました。私はそういう圧を2000年代に非常に強く感じてました。

例えば飲み会とかで、性癖の話をしようもんなら「性欲あるんだ⁉　女なのに！」「エロい女！」とむやみやたらと騒がれたり喜ばれたりする。テレビのバラエティ番組でもそういう会話がよく流れてたし、性欲があるなんて当たり前のことなのに、勝手に「女はない」「男より薄い」ってことになってた。あると言うだけで「エロ大好き女」とされた。「エロ大好き女」は珍しいレア、一部の男性を喜ばせる都市伝説的ニュアンスがありました。結構最近まで。

一方、男性はいつでもどんな年齢でも現役ＢＩＮＧ　ＢＩＮＧ物語が当たり前！

みたいな空気でしたよね。現在の令和の雰囲気にいると忘れちゃいそうになるけど。

そういう「圧」をちゃんと統計に入れたんですか、と。40代になってやっと、自分の性を解放できて自認できてアンケートにも「性欲、あります！」と記入できるようになる。そういった背景を、データに含ませておるのですか、と。

実感として、今より20代の時のほうが性欲あったよ、当たり前だろ、って思います。すべてのことにおいて体力が落ちるとされる40代なのに、20代より性欲だけは強くなる、しかも女だけ、って意味分かんないんですけど。そんなわけなくないですか？そういう人もいたらごめんだけど、男が盛んにやりたい時期は女たちはそうでもなくて恥じらいながら応じていて、男が衰えてきたら女がやる気まんまんで襲ってくる、ってか？　そんな〝そうならいいなファンタジー〟でデータを作ってないですかねえ⁉

これに関してはずっと主張していこうと思います！　最近その言説言ってる人あんま見ないけどね！

第8話　言えることと言えないこと

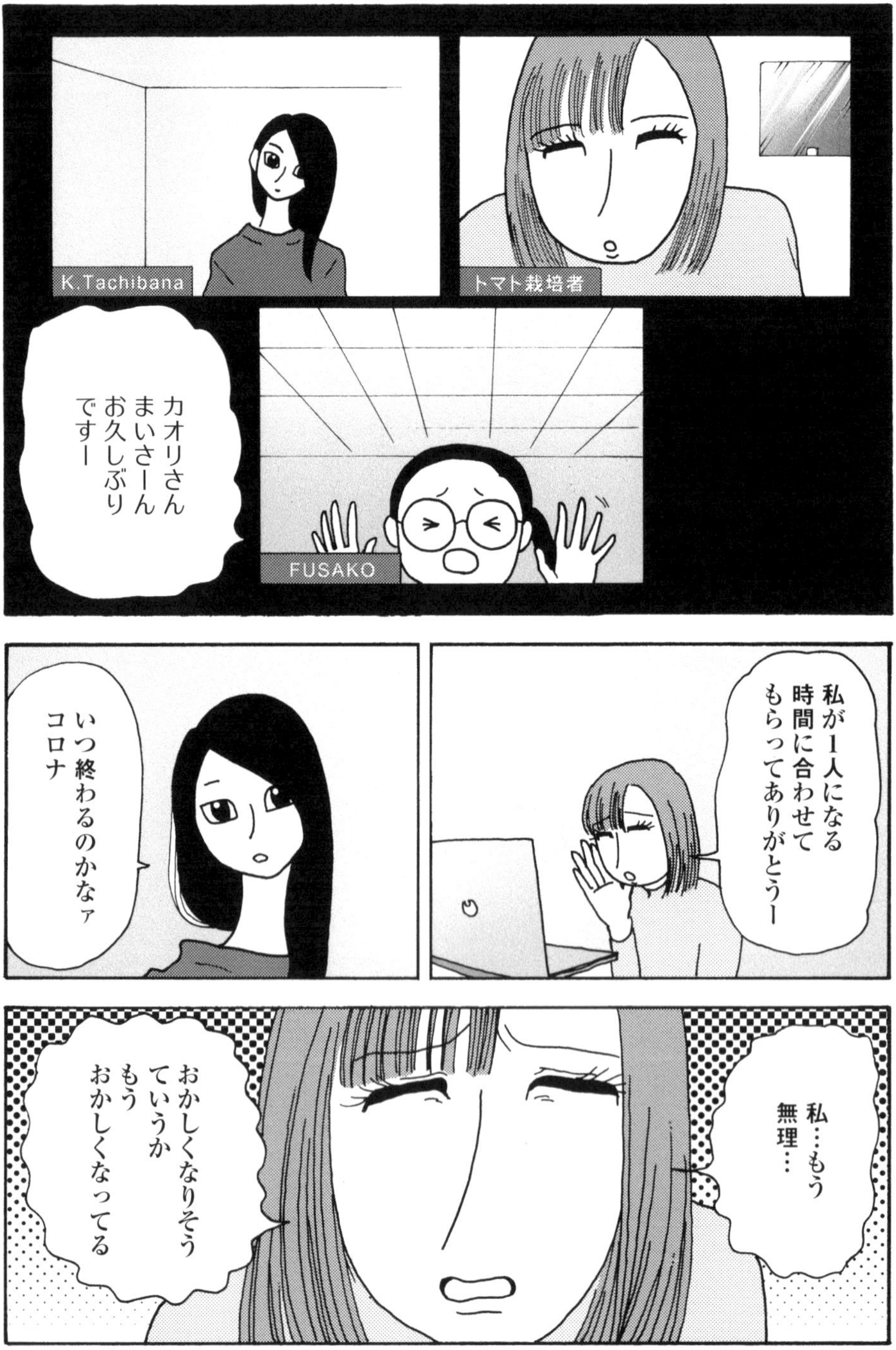

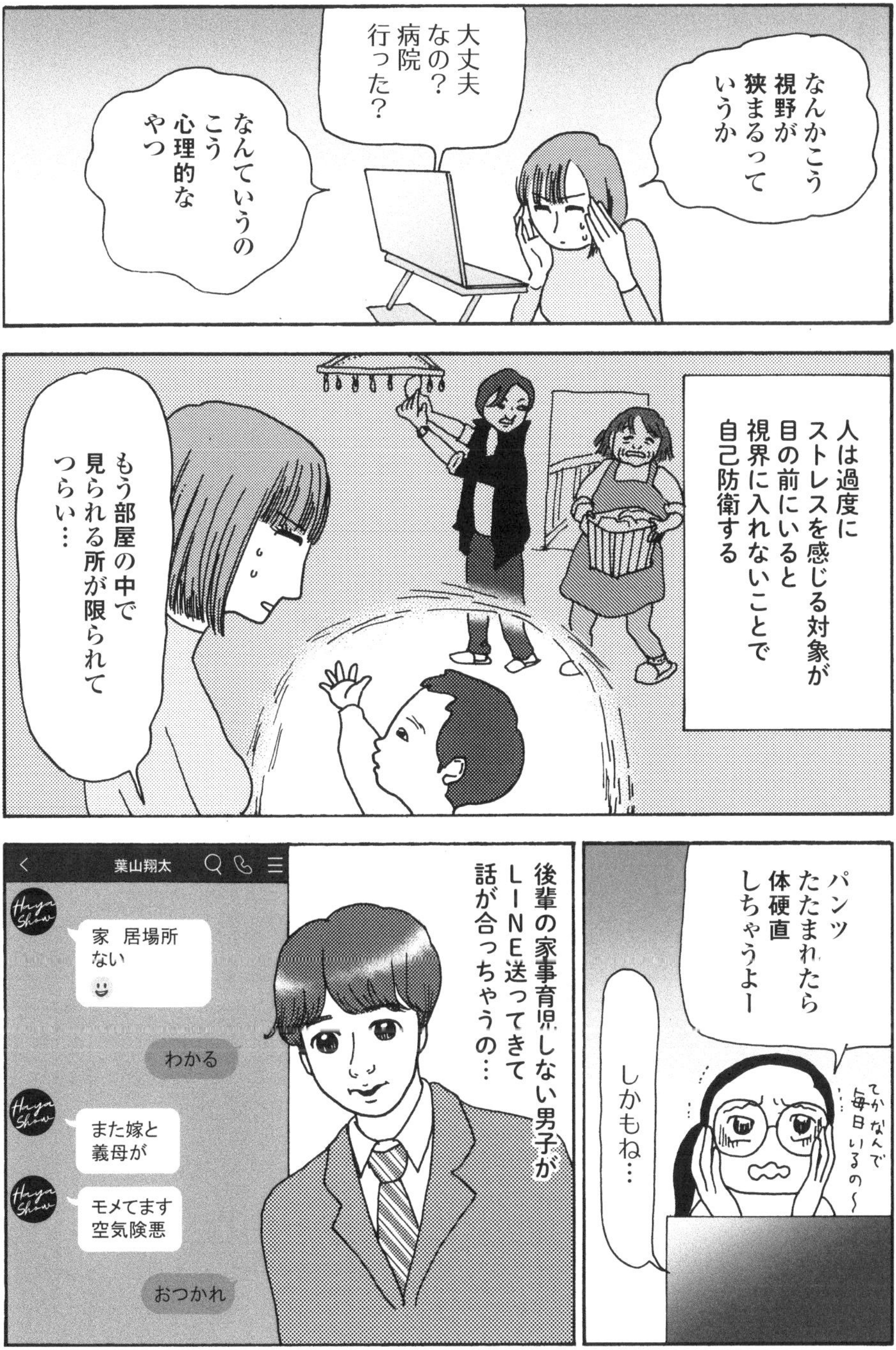
なんかこう視野が狭まるっていうか
大丈夫なの？病院行った？
なんていうのこう心理的なやつ
人は過度にストレスを感じる対象が目の前にいると視界に入れないことで自己防衛する
もう部屋の中で見られる所が限られてつらい…
パンツたたまれたら体硬直しちゃうよー
てかなんで毎日いるの〜
しかもね…
後輩の家事育児しない男子がLINE送ってきて話が合っちゃうの…
葉山翔太
家 居場所ない
わかる
また嫁と義母が
モメてます空気険悪
おつかれ

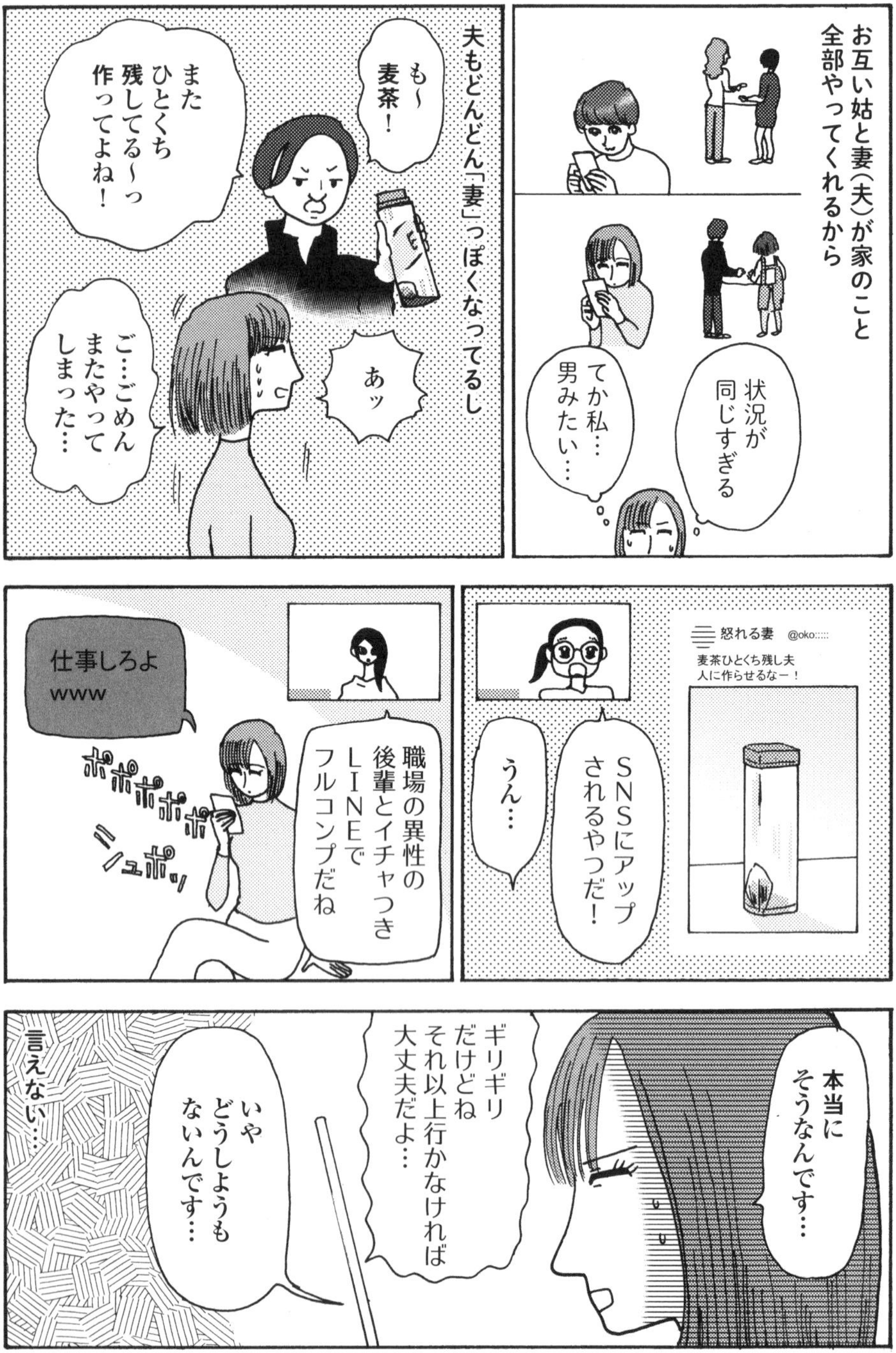
お互い姑と妻（夫）が家のこと全部やってくれるから
状況が同じすぎる
てか私…男みたい…
夫もどんどん「妻」っぽくなってるし
も〜麦茶！
またひとくち残してる〜っ作ってよね！
あッ
ご…ごめんまたやってしまった…
怒れる妻 @oko:::::
麦茶ひとくち残し夫人に作らせるなー！
SNSにアップされるやつだ！
うん…
職場の異性の後輩とイチャつきLINEでフルコンプだね
仕事しろよwww
ポポポポポ
シュポッ
本当にそうなんです…
ギリギリだけどねそれ以上行かなければ大丈夫だよ…
いやどうしようもないんです…
言えない…

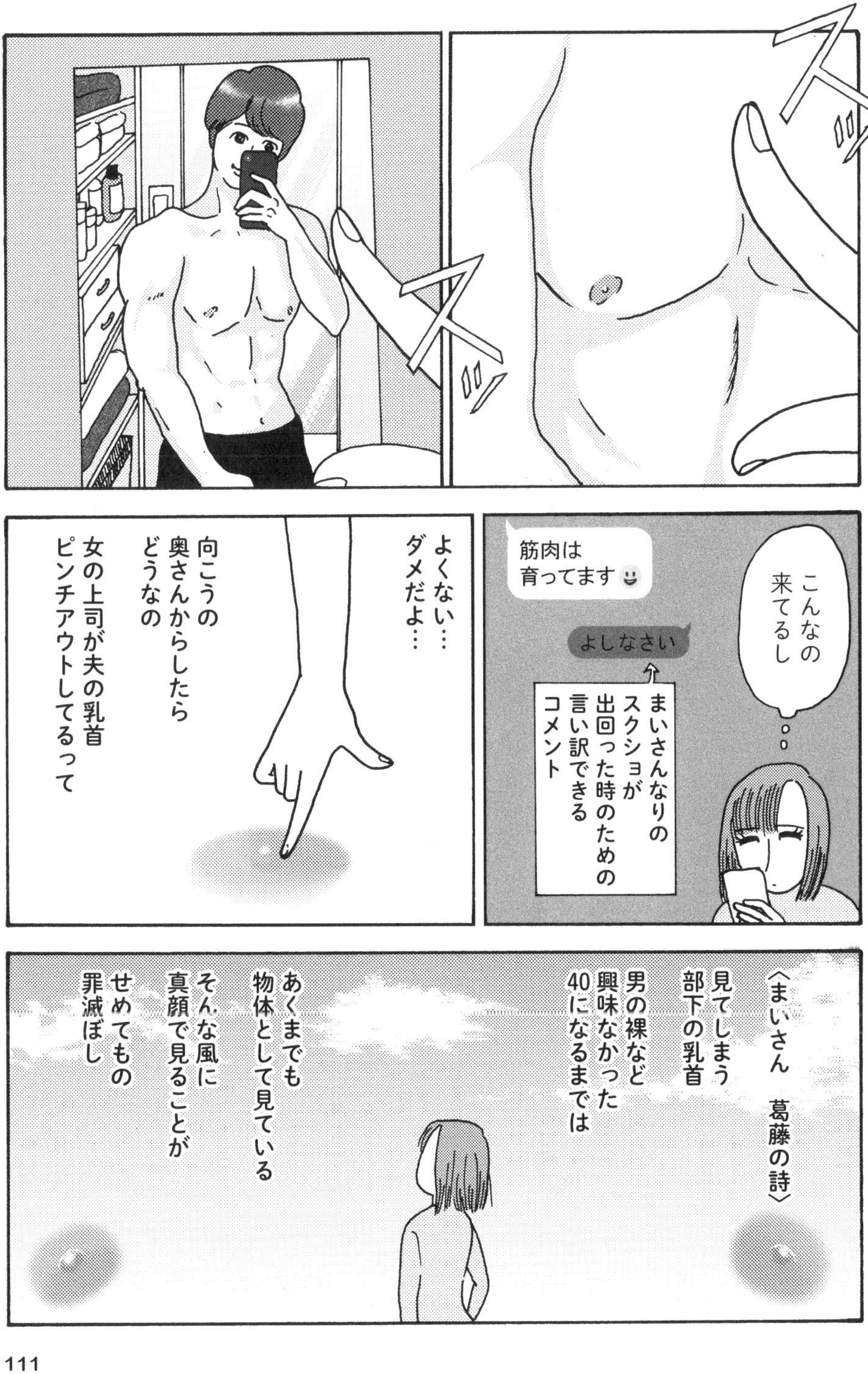
スッ
スッ
こんなの来てるし…
筋肉は育ってます
よしなさい
まいさんなりのスクショが出回った時のための言い訳できるコメント
よくない…ダメだよ…
向こうの奥さんからしたらどうなの
女の上司が夫の乳首ピンチアウトしてるって
〈まいさん　葛藤の詩〉
見てしまう
部下の乳首
男の裸など
興味なかった
40になるまでは
あくまでも
物体として見ている
そんな風に
真顔で見ることが
せめてもの
罪滅ぼし

アハハハハーー
キャッ
キャッ
てかまいさん
愛の不時着の名前入れてますよね!
あ、分かった?
よかった〜
気づいてないかと思った〜
すぐ分かった
わたし韓国編がすき!
そうなんだー!
私はスイス編
ねえ
アハハ
キャハハ
そうなの
あれみた?
カオリさんはっ
どうですか
最近っ♪
雑誌の
インタビュー
見ましたよ
ああ
セルフエステを導入
橘カオリさんインタビュー
ホテルもエステも
すばやくコロナ対応
コロナを生き抜く社長たち
橘カオリさん
セルフエステを
いち早く導入

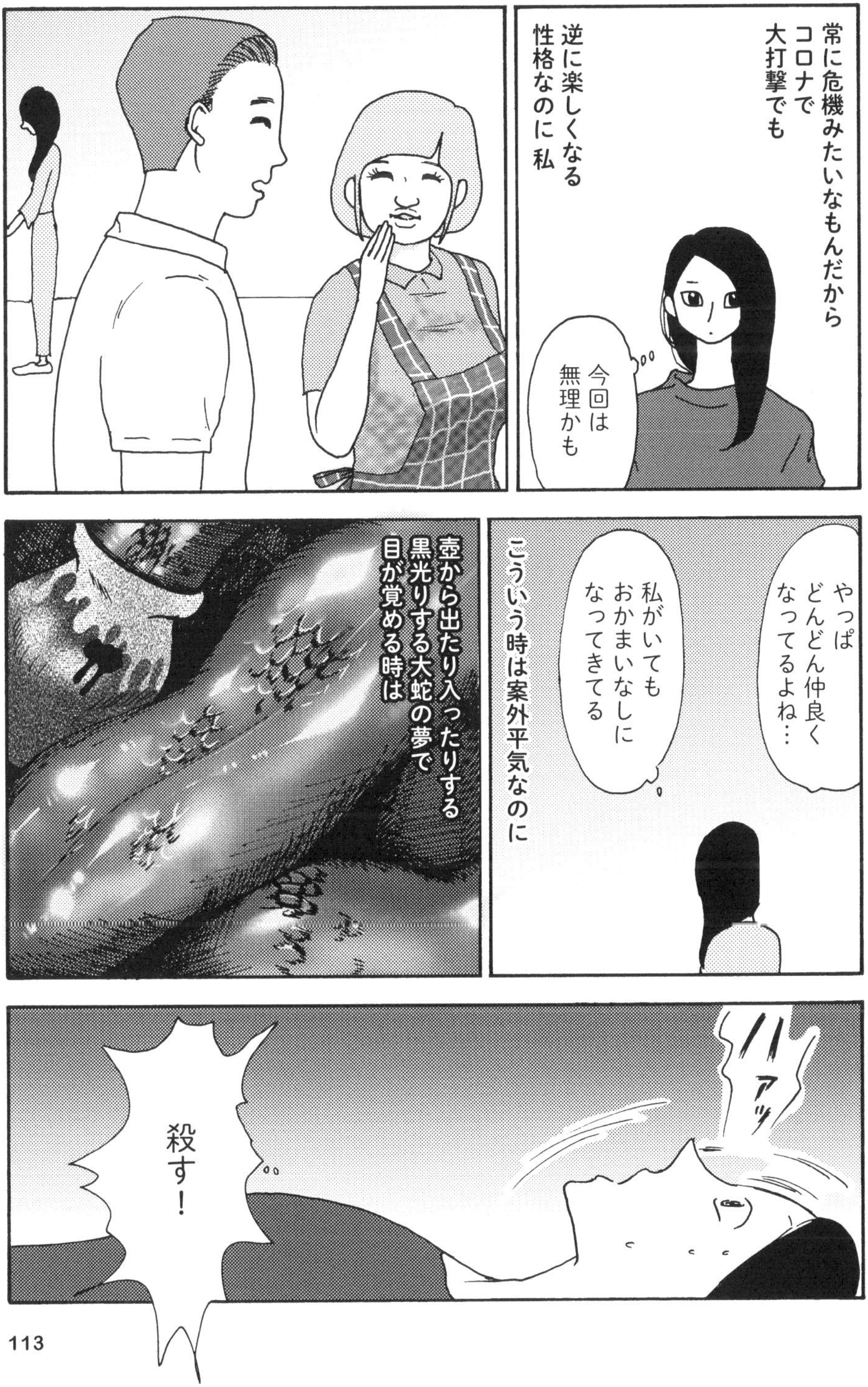
常に危機みたいなもんだから
コロナで
大打撃でも
逆に楽しくなる
性格なのに私
今回は
無理かも
やっぱ
どんどん仲良く
なってるよね…
私がいても
おかまいなしに
なってきてる
こういう時は案外平気なのに
壺から出たり入ったりする
黒光りする大蛇の夢で
目が覚める時は
ハアッ
殺す!

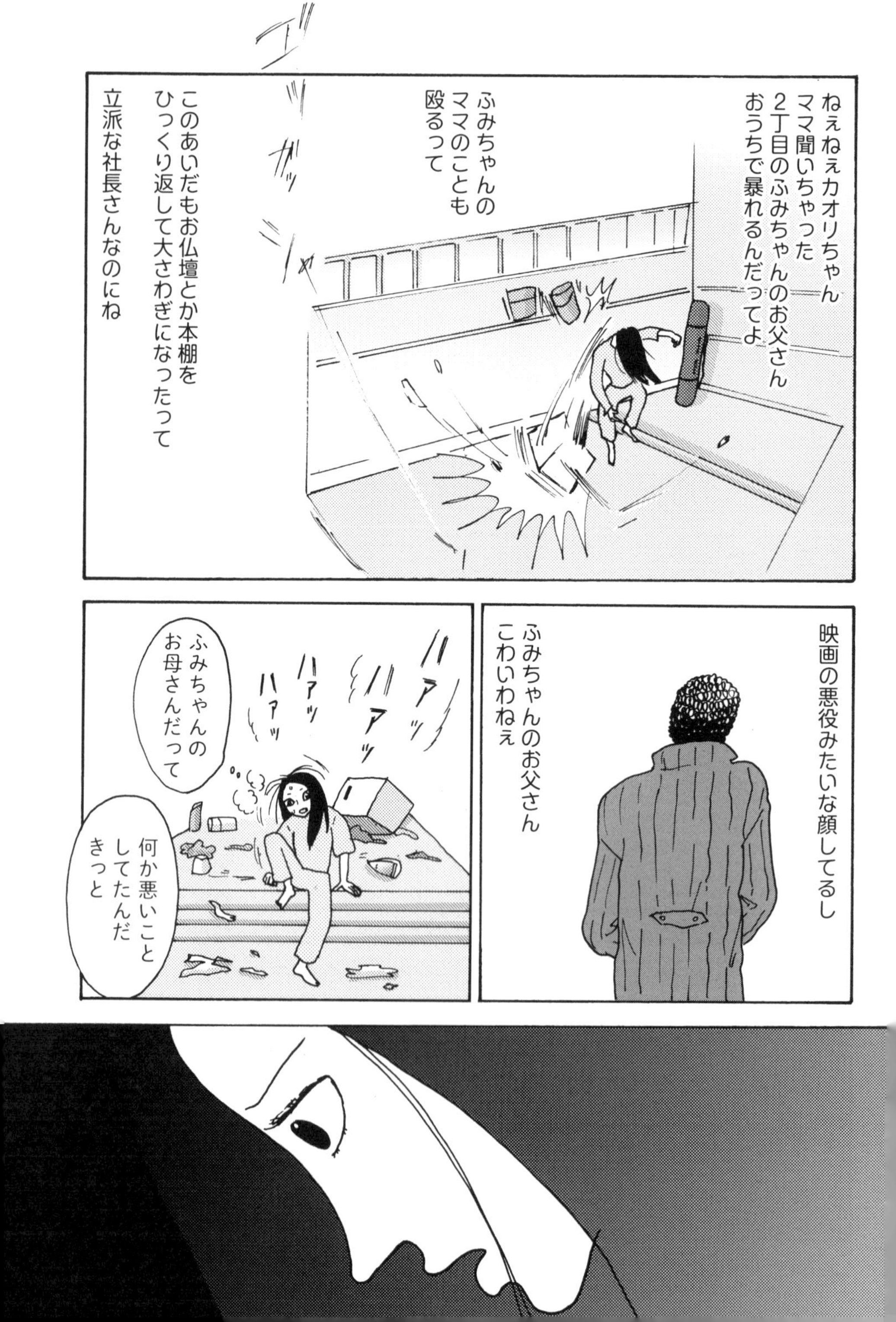

ねぇねぇカオリちゃん
ママ聞いちゃった
2丁目のふみちゃんのお父さん
おうちで暴れるんだってよ
ふみちゃんの
ママのことも
殴るって
このあいだもお仏壇とか本棚を
ひっくり返して大さわぎになったって
立派な社長さんなのにね
映画の悪役みたいな顔してるし
ふみちゃんのお父さん
こわいわねぇ
ハアッ
ハアッ
ハアッ
ふみちゃんの
お母さんだって
何か悪いこと
してたんだ
きっと

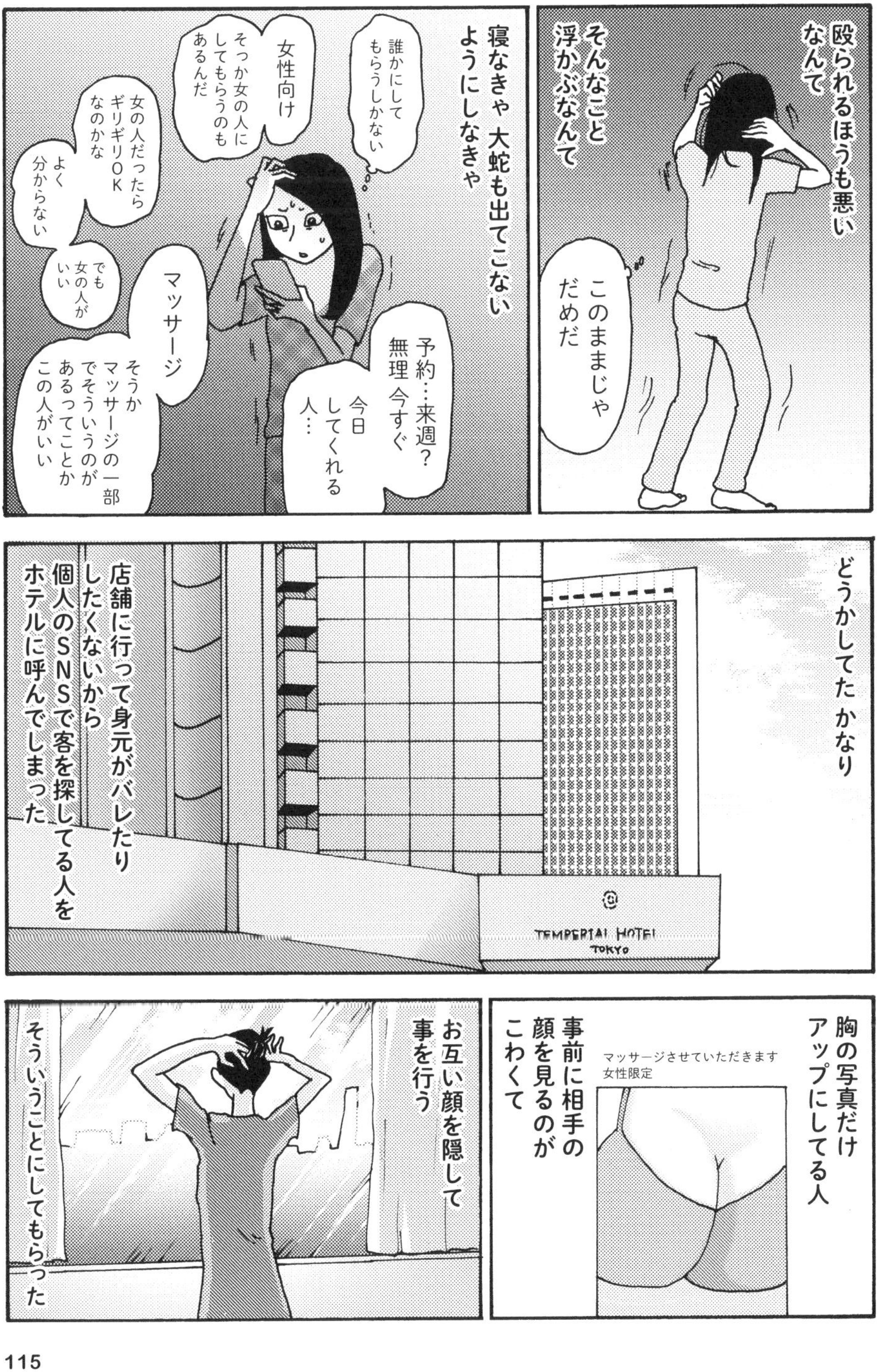
殴られるほうも悪いなんて
そんなこと浮かぶなんて
このままじゃだめだ
寝なきゃ 大蛇も出てこないようにしなきゃ
誰かにしてもらうしかない
女性向け
そっか女の人にしてもらうのもあるんだ
女の人だったらギリギリOKなのかな
よく分からない
でも女の人がいい
マッサージ
予約…来週？
無理 今すぐ
今日してくれる人…
そうかマッサージの一部でそういうのがあるってことかこの人がいい
どうかしてたかなり
店舗に行って身元がバレたりしたくないから
個人のSNSで客を探してる人をホテルに呼んでしまった
TEMPERIAL HOTEL
TOKYO
胸の写真だけアップにしてる人
マッサージさせていただきます
女性限定
事前に相手の顔を見るのがこわくて
お互い顔を隠して事を行う
そういうことにしてもらった

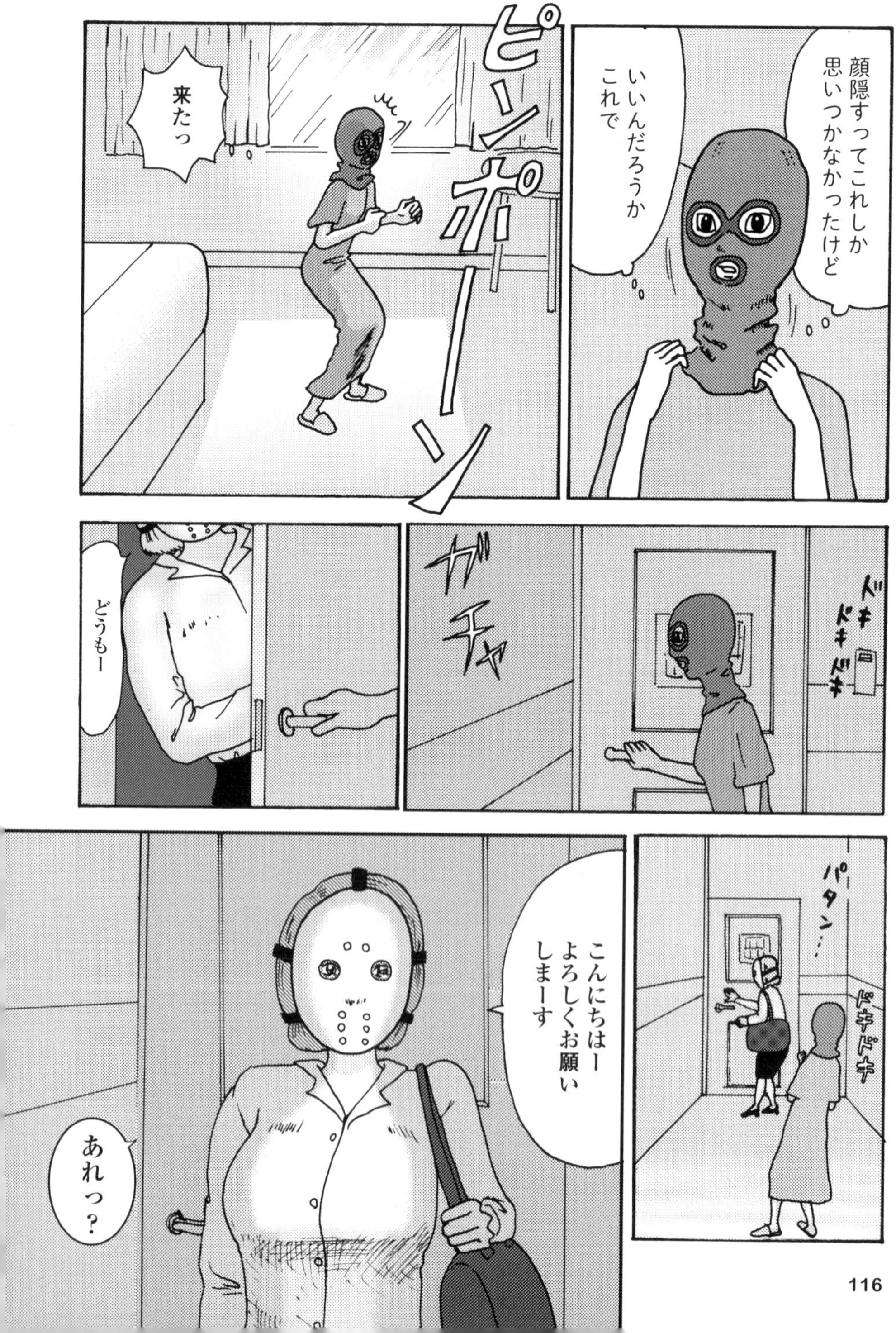
顔隠すってこれしか思いつかなかったけど
いいんだろうかこれで
ピンポーン
来たっ
ドキドキドキドキ
ガチャ
どうもー
パタン…
ドキドキ
こんにちはーよろしくお願いしまーす
あれっ？

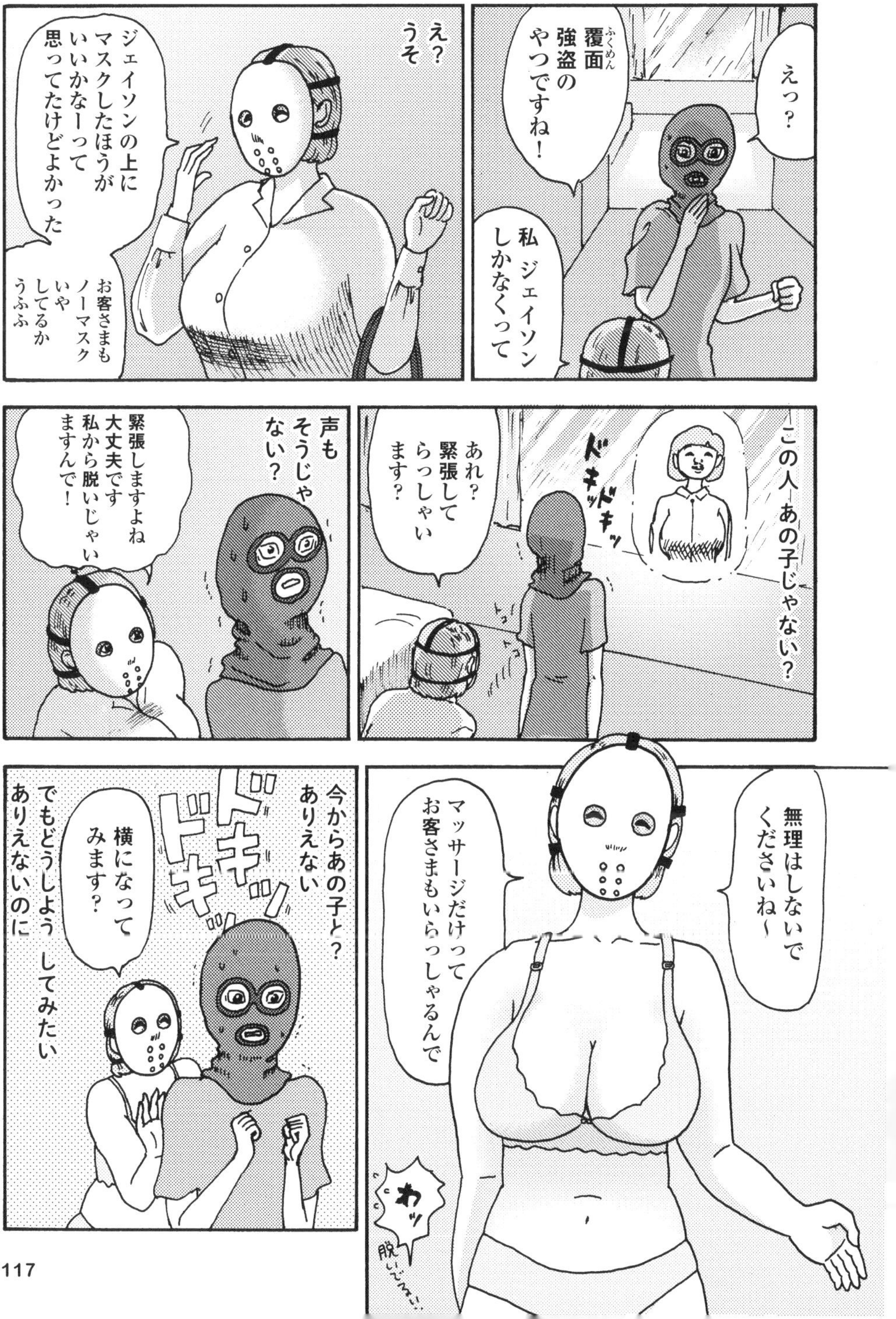
えっ？
覆面《ふくめん》強盗のやつですね！
私 ジェイソンしかなくって
え？うそ
ジェイソンの上にマスクしたほうがいいかなーって思ってたけどよかった
お客さまもノーマスク いや してるか うふふ
この人 あの子じゃない？
ドキッドキッ
あれ？緊張してらっしゃいます？
声もそうじゃない？
緊張しますよね 大丈夫です 私から脱いじゃいますんで！
無理はしないでくださいね～
マッサージだけってお客さまもいらっしゃるんで
わッ
今からあの子と？ありえない
ドキドキ
横になってみます？
でもどうしよう してみたい ありえないのに

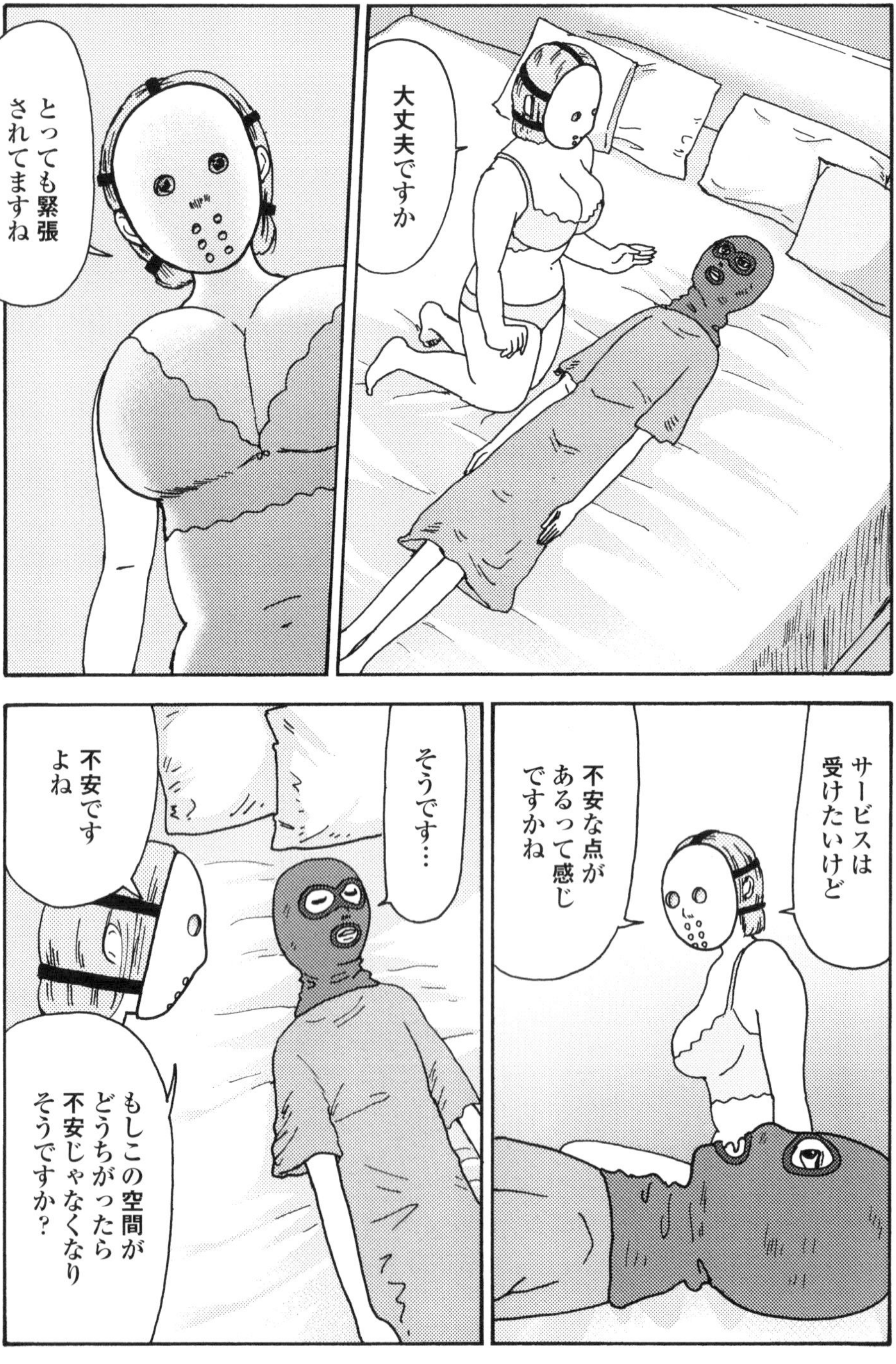
大丈夫ですか
とっても緊張されてますね
サービスは受けたいけど
不安な点があるって感じですかね
そうです…
不安ですよね
もしこの空間がどうちがったら不安じゃなくなりそうですか?

えっとあの…
こちらからお願いしたのに申し訳ないんですが…
マスクを外してもらっていいですか
その分のお金払います…
フフッ
そんなのいらないですよ
あッちょっと待って
心の準備が！
もしあの子だったら帰らなきゃ
いきますよ？
夫と浮気してるかもしれない子とそんなことできない――
ドキッ
ドキッドキッ

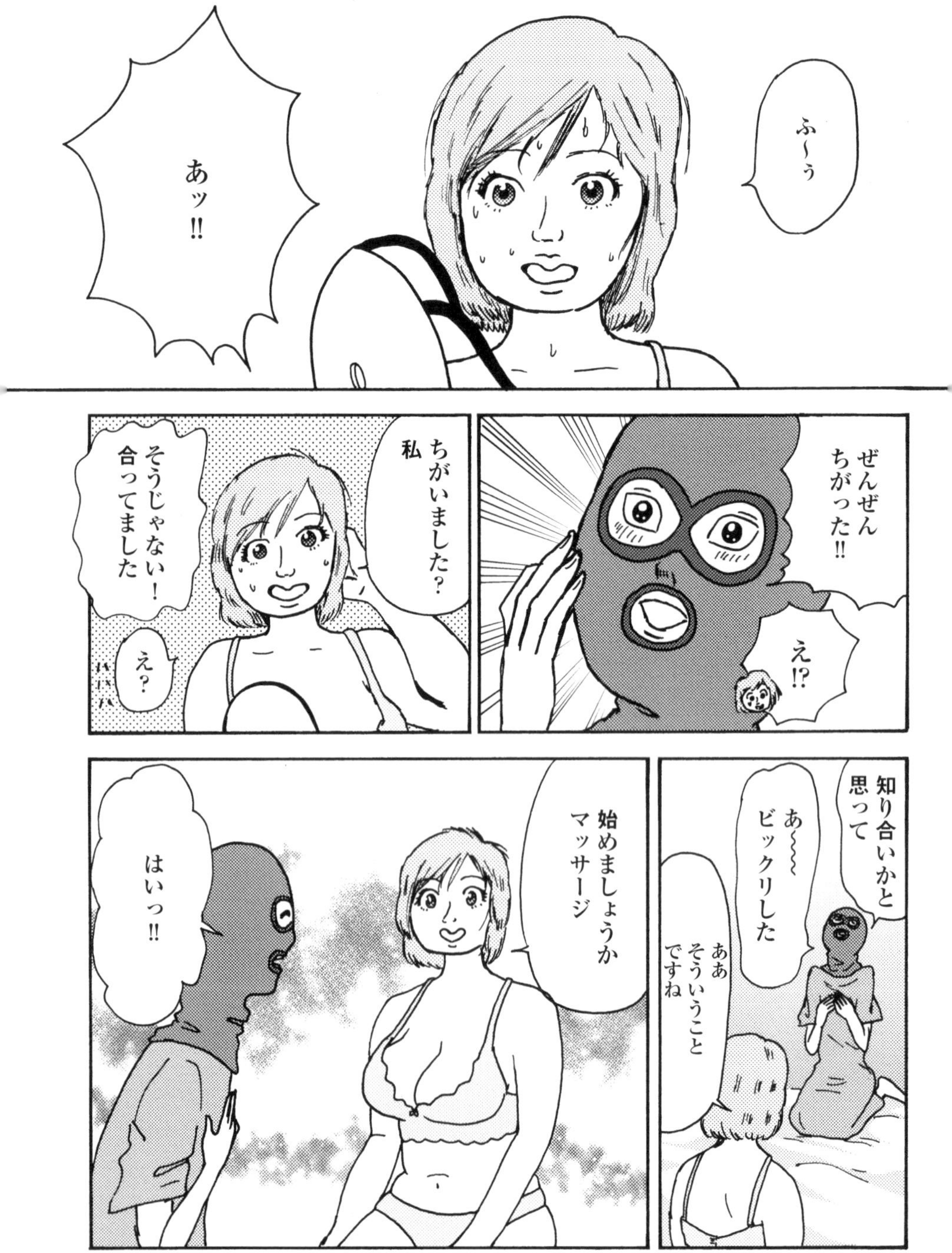
ふ〜ぅ
あッ!!
ぜんぜん ちがった!!
え!?
私 ちがいました?
そうじゃない! 合ってました
え?
知り合いかと 思って
あ〜〜 ビックリした
ああ そういうこと ですね
マッサージ 始めましょうか
はいっ!!

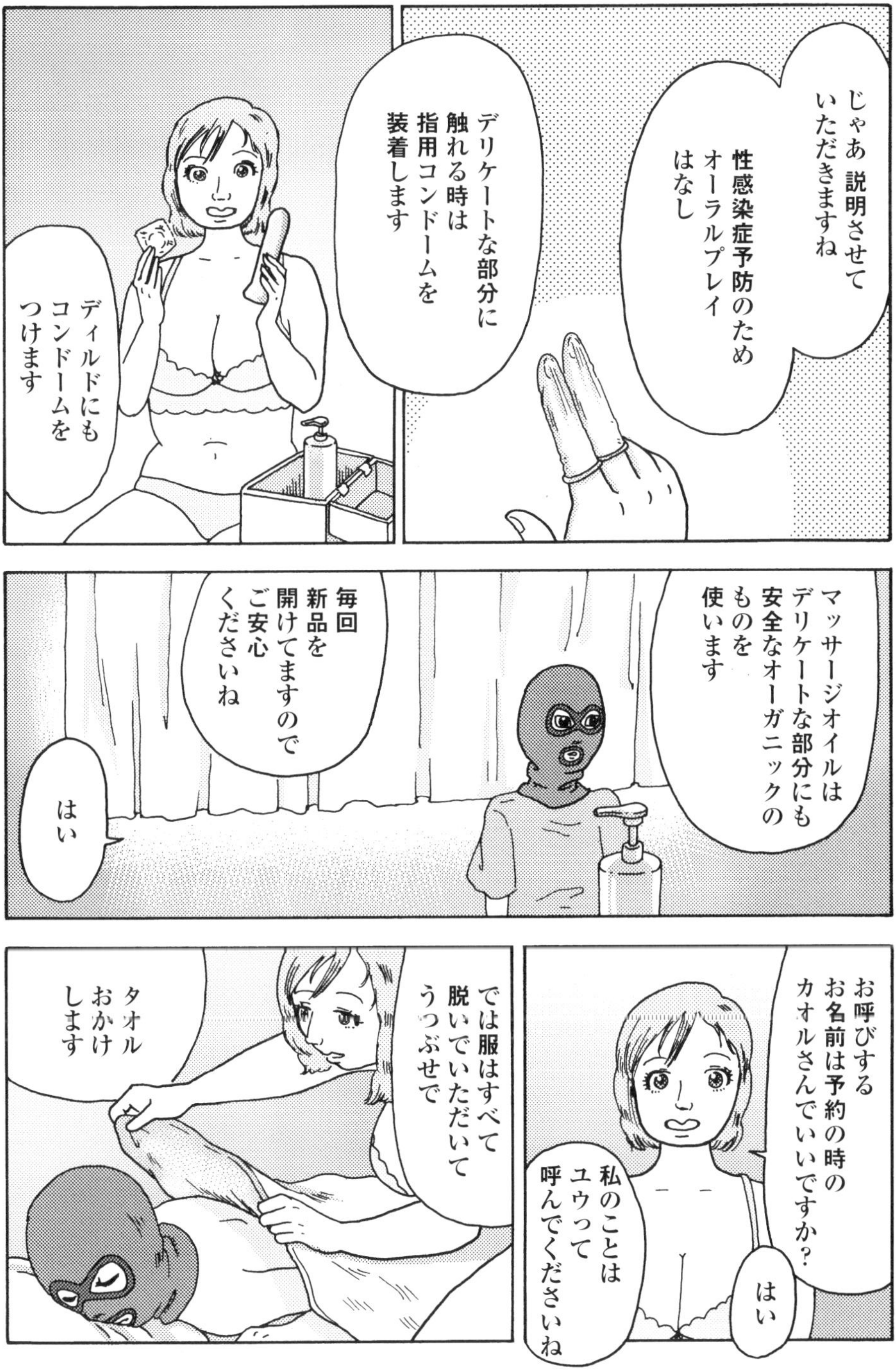
じゃあ 説明させて いただきますね
性感染症予防のため オーラルプレイ はなし
デリケートな部分に 触れる時は 指用コンドームを 装着します
ディルドにも コンドームを つけます
マッサージオイルは デリケートな部分にも 安全なオーガニックの ものを 使います
毎回 新品を 開けてますので ご安心 くださいね
はい
お呼びする お名前は予約の時の カオルさんでいいですか？
はい
私のことは ユウって 呼んでくださいね
では服はすべて 脱いでいただいて うつぶせで
タオル おかけ します

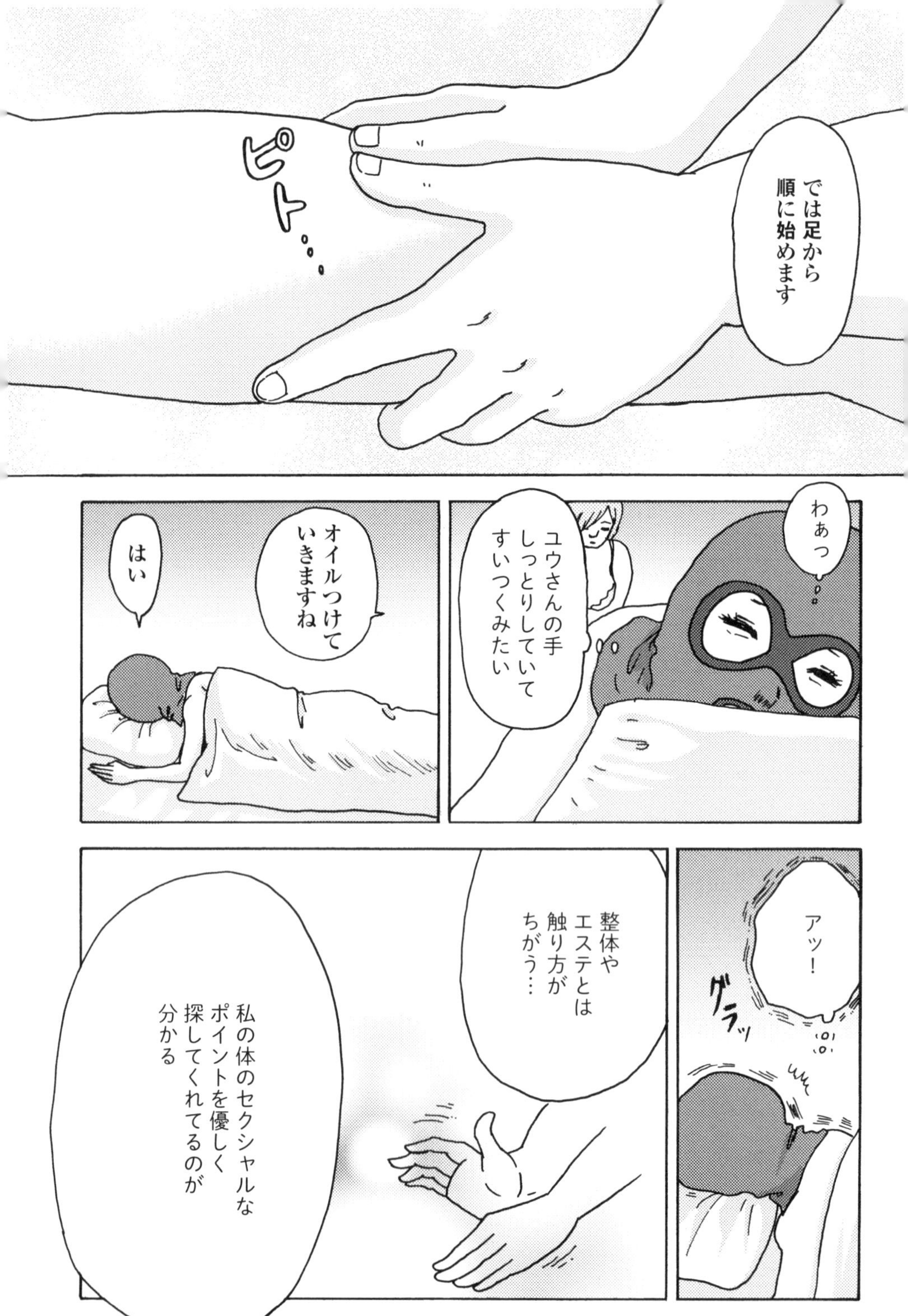
では足から順に始めます
ピト…
わぁっ
ユウさんの手しっとりしていてすいつくみたい
オイルつけていきますね
はい
アッ！
グラッ
整体やエステとは触り方がちがう…
私の体のセクシャルなポイントを優しく探してくれてるのが分かる

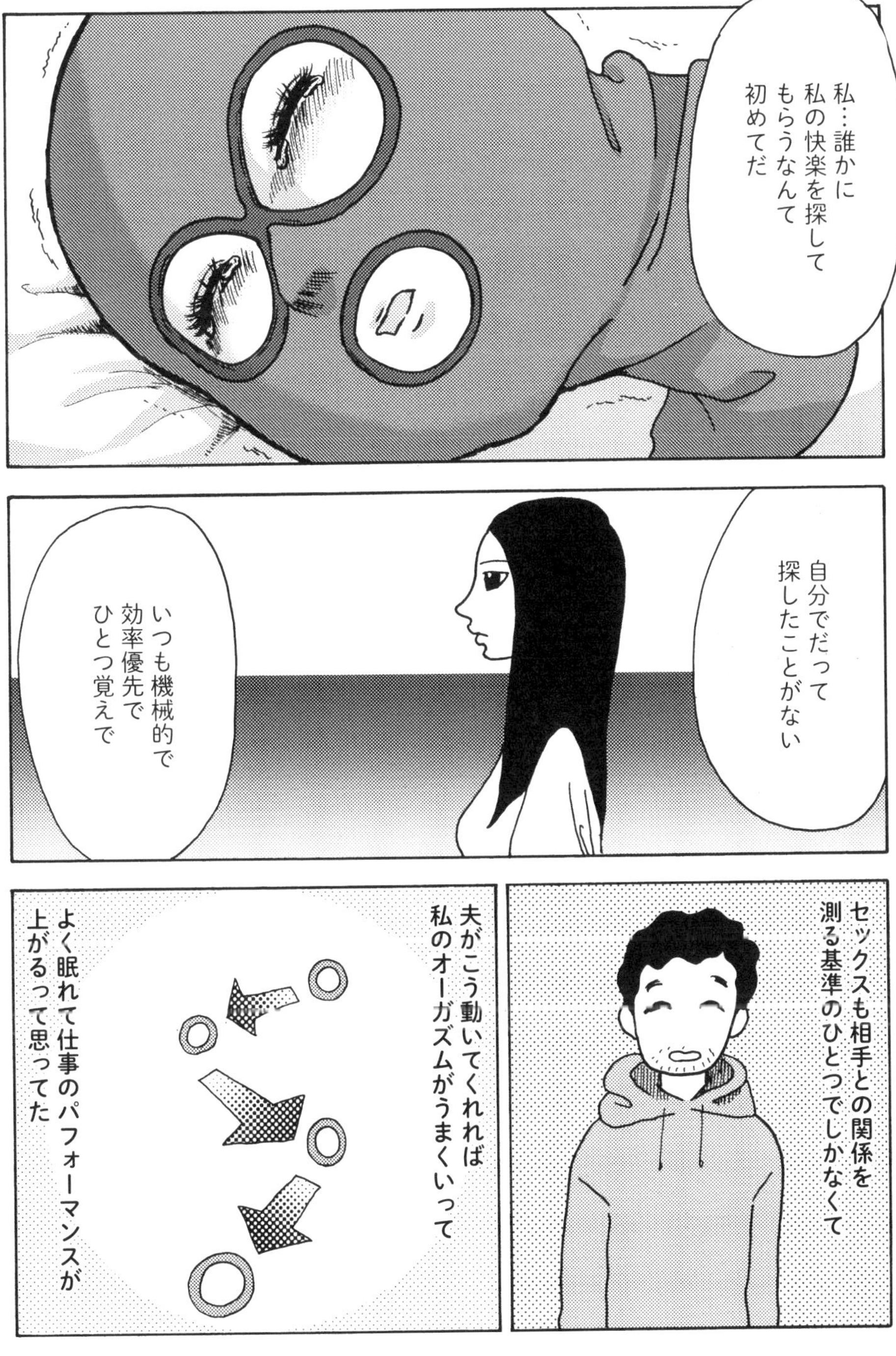
私…誰かに
私の快楽を探して
もらうなんて
初めてだ
自分でだって
探したことがない
いつも機械的で
効率優先で
ひとつ覚えで
セックスも相手との関係を
測る基準のひとつでしかなくて
夫がこう動いてくれれば
私のオーガズムがうまくいって
よく眠れて仕事のパフォーマンスが
上がるって思ってた

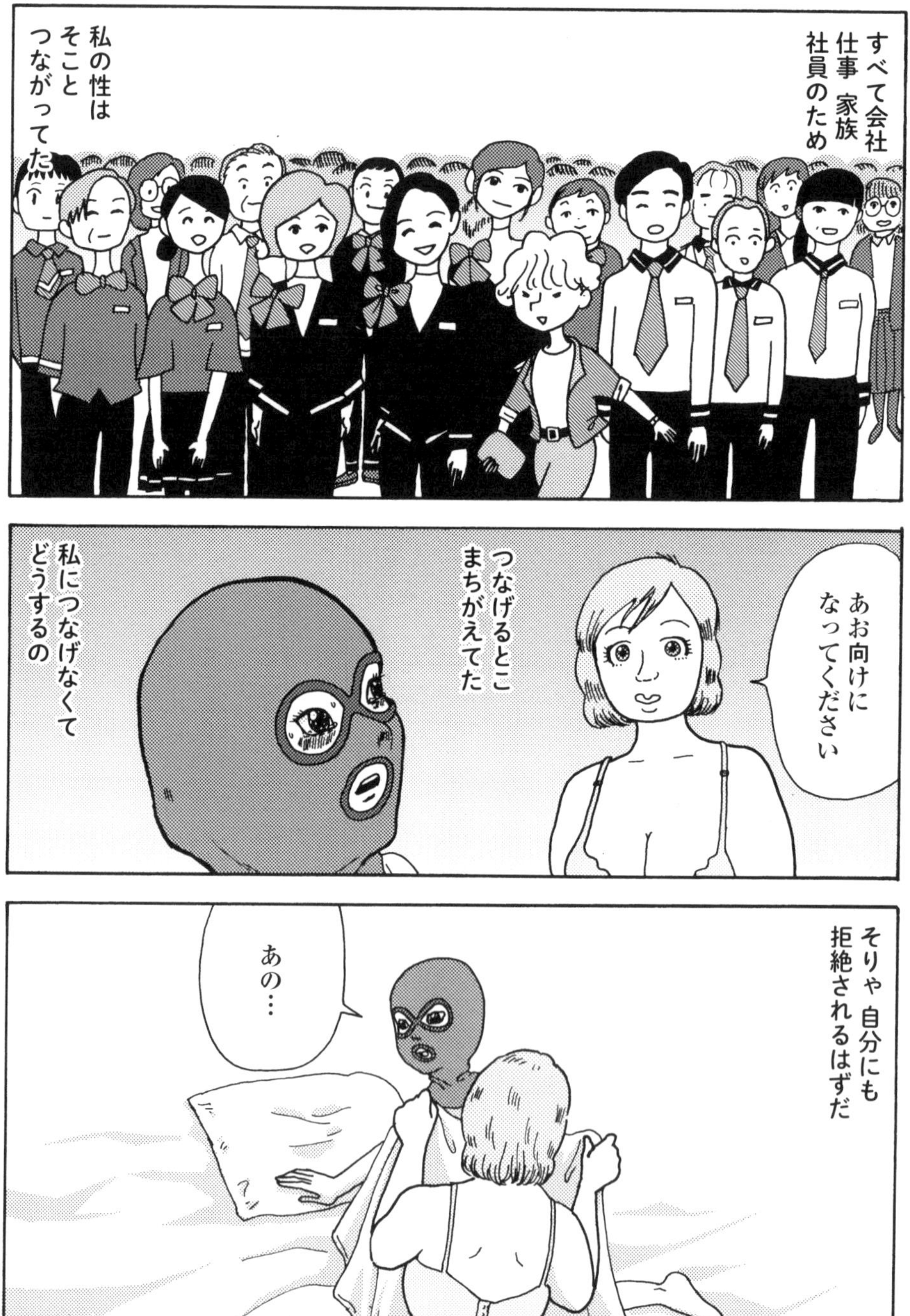
すべて会社
仕事 家族
社員のため
私の性は
そこと
つながってた
あお向けに
なってください
つなげるとこ
まちがえてた
私につなげなくて
どうするの
そりゃ自分にも
拒絶されるはずだ
あの…

マスクとって
いいですか
もちろん
です
私が自分の性を探してるってこと
誰に知られちゃいけないって
いうの？
ごめんなさい
私なんかさっきから
泣きそうで
でもつらいとか
じゃないんです
感激しちゃって
うれしいです
ここでは
なんでも
出しちゃって
くださいね
ユウさんは
丹念に
私の見つけて
ほしがっている
場所を
探って
くれた
まだ
足なのに
到達
しそう

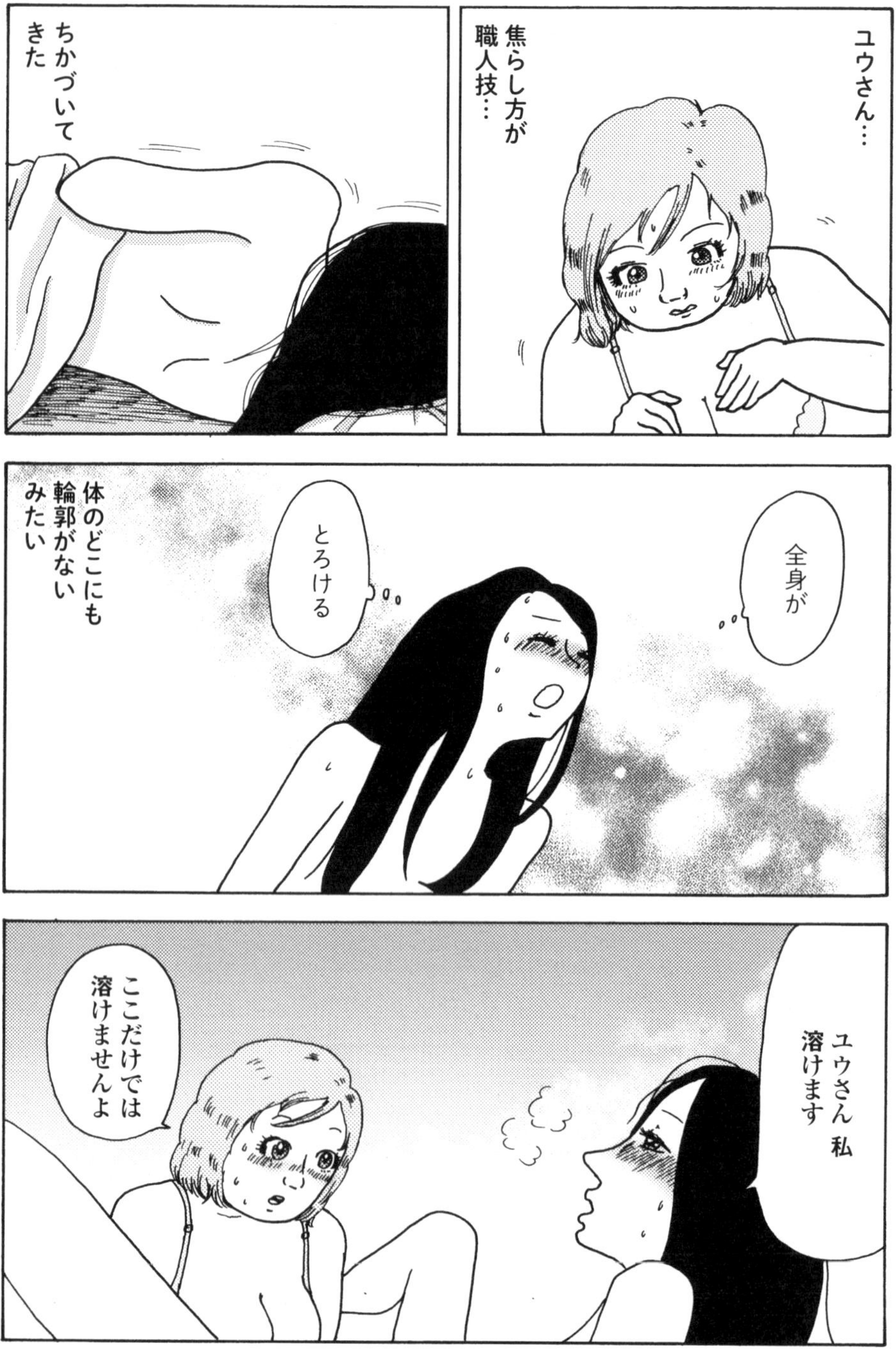
ユウさん…
焦らし方が職人技…
ちかづいてきた
全身が
とろける
体のどこにも輪郭がないみたい
ユウさん 私溶けます
ここだけでは溶けませんよ

カオルさんのクリトリス
固く大きくなってますよ
ちょっと
さわってみて
ください
え――?
どゆ
こと?
えッ
ほんとだ
固い!
こんなふうに
なるんだ
知らなかった!
すごい
前へ前へ
って感じ
もっともっと
って言ってる
私とは別の人格が
いるみたい
カオルさんの
お体 サイコーに
かわいいです♡
じゃ
もう少し先に
すすみますね
お願いします
私の体…
たしかに
かわいいわ

3人のトリプル依存

ラクラクメリット△トライアングル
まいさんの場合
家事育児と
住居の悩みが
なくて ラク
好きじゃない
ことをしなく
てよくてラク
何の立場
なのか
不明
夫・父の
立場
妻・母の
立場
家庭での
居心地の
悪さを
緩和しあう仲
孫・息子と
ずっといられて
さみしくなくて
ラク
HAYAMA

まいさんは、義理の両親に家を買ってもらっています。都心に住んでいたけど、郊外の義理の実家の隣に家を建ててあげると提案されたんですね。大黒柱妻だったまいさんは、長男を私立中学に通わせることで弱気になり、義理の両親の計画に乗ってしまいました（詳しくは『大黒柱妻の日常 共働きワンオペ妻が、夫と役割交替してみたら？』にて……）。

まいさんの夫と義母は境界線がなくなり同一化し始めることで、2人一緒にまいさんの経済力に依存します。まいさんはまいさんで、嫌で仕方ないのにあまりにも生活に2人が浸透してきているので距離が取れない。だからそこに部下の葉山のような男性はちょうどいいんですね。葉山の存在によってまいさんは夫＆義母とようやく距離が取れるわけです。

〝本来〟であればまいさんは自分自身の嫌悪感に従って、夫＆義母の仲を引き裂いてもいいわけです。でもまいさんはそういう行動はしません。

女性用風俗の歴史（あくまで私の体感）

女性用風俗を私は利用したことがないけど、カオリさんをマッサージしたユウさんみたいな人は、現実で出会うのは難しいと思います。カオリさんがこんな女性と過ごしてくれたらいいなと思って描きました。

20年前の２００４年、25歳だった私は男性向けエロ本で、風俗店やエロスポットを取材してレポート漫画を描く仕事をしていました。当時、一般の女性が行ける女性用風俗店は存在しませんでした。

あると言っても、普通のおじさんが個人的に「性的サービスします」とホームページビルダーで自作したホームページに自分の写真を載せてたり、ぬらぬらした色のスーツからエリが飛び出しているファッションの、前髪で顔が見えない歌舞伎町を擬人化したような男性が女性客とデートしてホテルに行くサービスが出張ホストと呼ばれていたくらいでした。相当にハードルが高すぎてどんな人が利用してるのか、取材してもよく分からないほどでした。

そういったサービスを利用したい女性は「安心・安全は当たり前、さらにときめける」というのがあってやっとお金を払う気になると思います。そして自分以外の女性の利用体験のクチコミで普及する。2000年代までは、そんな女性のニーズを満たしている性的サービスは皆無だったと言い切れます。

男性用風俗は昔から低価格から高級な店まで数え切れないほど乱立しているのに、女性用が真剣に作られていないのは、金にならないとされているからで、つまりそんなに必要でもないといった形で、女性の性欲がないことにされている、と私は感じていました。

それから20年。最近は全国チェーン展開している女性用風俗があるようです。去年知って、サイトを見て仰天しました。モデルさんみたいな男性たちがズラーっと並んでいる。そして女性客が「最高でした」と感想を語っている動画も載っている。

男性用風俗で働く女性たちが無知識で無遠慮な男性客から乱暴に扱われたりする問題や、女性用風俗での利用客と従業員間のトラブルもあると聞くし、風俗の利用を促すわけではありません。ただ、この20年間での女性用風俗の歴史を、女性の性欲が認知されない過去があったという証として捉えると、目を見張る思いです。

フィジカルな接触

私は産後、赤ちゃんを抱っこしまくる生活だった頃、自分の体がボロッボロになっていることを感じていました。たまたま「ボディトーク」という、マッサージや整体とはまた違う、女性の施術師が私の体に手を置く施術を受けました。それまでの緊張が1時間かけて優しくほどけていって、これが欲しかったという量の安心を感じビックリしました。夫とのハグとかとは違う癒やし。女性とのセクシャルではないフィジカルな接触って時には必要なんだと思いました。

でもそんな機会ってほぼない。だけどすごく弱っている時は、自分もでっかいおかあちゃんみたいな人の胸に抱かれてエーン、エーンと泣きたいって思う日が、年に2回くらいあります。

そんなわけで、カオリさんは自分に必要なものを探究していく一方、まいさんは放置していきます。どうなるんでしょう。そろそろ最終回です。

第10話　それぞれの近況、それぞれのセックス

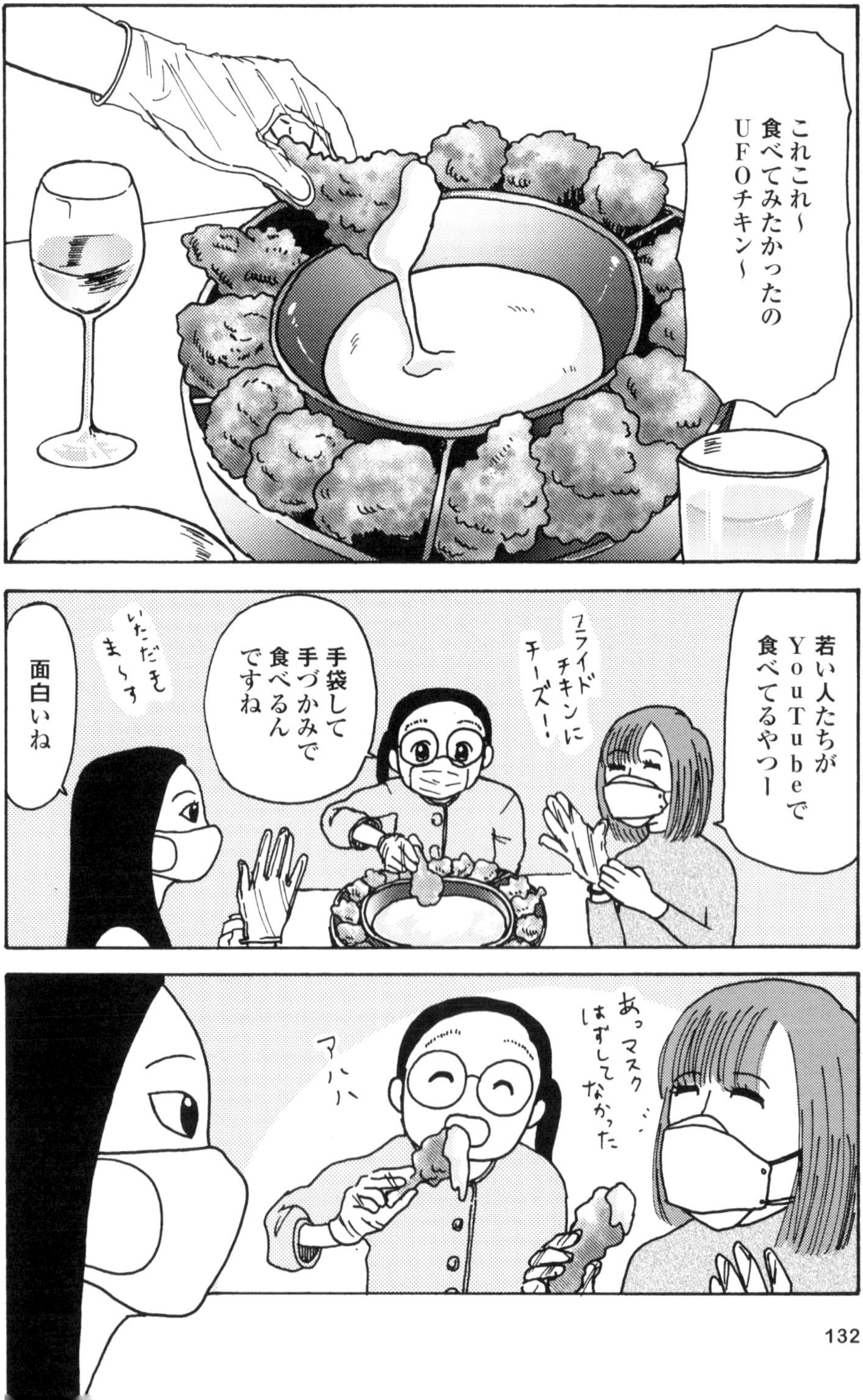
これこれ〜
食べてみたかったのUFOチキン〜
若い人たちがYouTubeで食べてるやつー
フライドチキンにチーズ！
手袋して手づかみで食べるんですね
いただきま〜す
面白いね
あっマスクはずしてなかった
アハハ

あの…2人に聞きたいことがあるんだけど…
セックスってしてる?
マスターベーションでもいいんだけど
あ話したくなかったらいいの
いや全然平気です
カオリさんがそういう話珍しい
私は相変わらず部下とLINEをしてまして…

実物はチャラくて
好きじゃない
でもLINEだと
別の人みたいな感じがして
すごいんです…
淫気が漂ってくる…
たまに出社して顔合わせると
私おかしくなっちゃって
ドキドキ
向こうが
マタタビみたいなのを
ふりまいてるんですよ
単純に
心を奪われて
いるのでは？
え⁉
ないない
私
イケメン
興味ないし
くね
くね
イケメンなんだ
いいなァ
夫さんとは？
あ
ないです
パキ
そっちは
ないですね

嫁とだけはできねーわ
って言うおじさん
家庭には
セックスは持ち込みませんよ
ガハハハ
自分がなっちゃった
だってだって
ず〜っと義母と一緒にいるし
2人とも同じようなこと言うから
義母2号みたいに見えるんですよ〜
ていうか1人でするタイミングあります？生活の中に
ないんですけど私
あ〜
すごいのがあるよ
すごすぎてすぐ終わるからいいかも
私はもともと1人でするのが苦手だったんだけど
性的サービスを受けたらクリトリスが全開っていうのかな
そうなってからは1人でするのが止まらなくなっちゃって
え？ちょ
カオリさん？
情報過多です〜

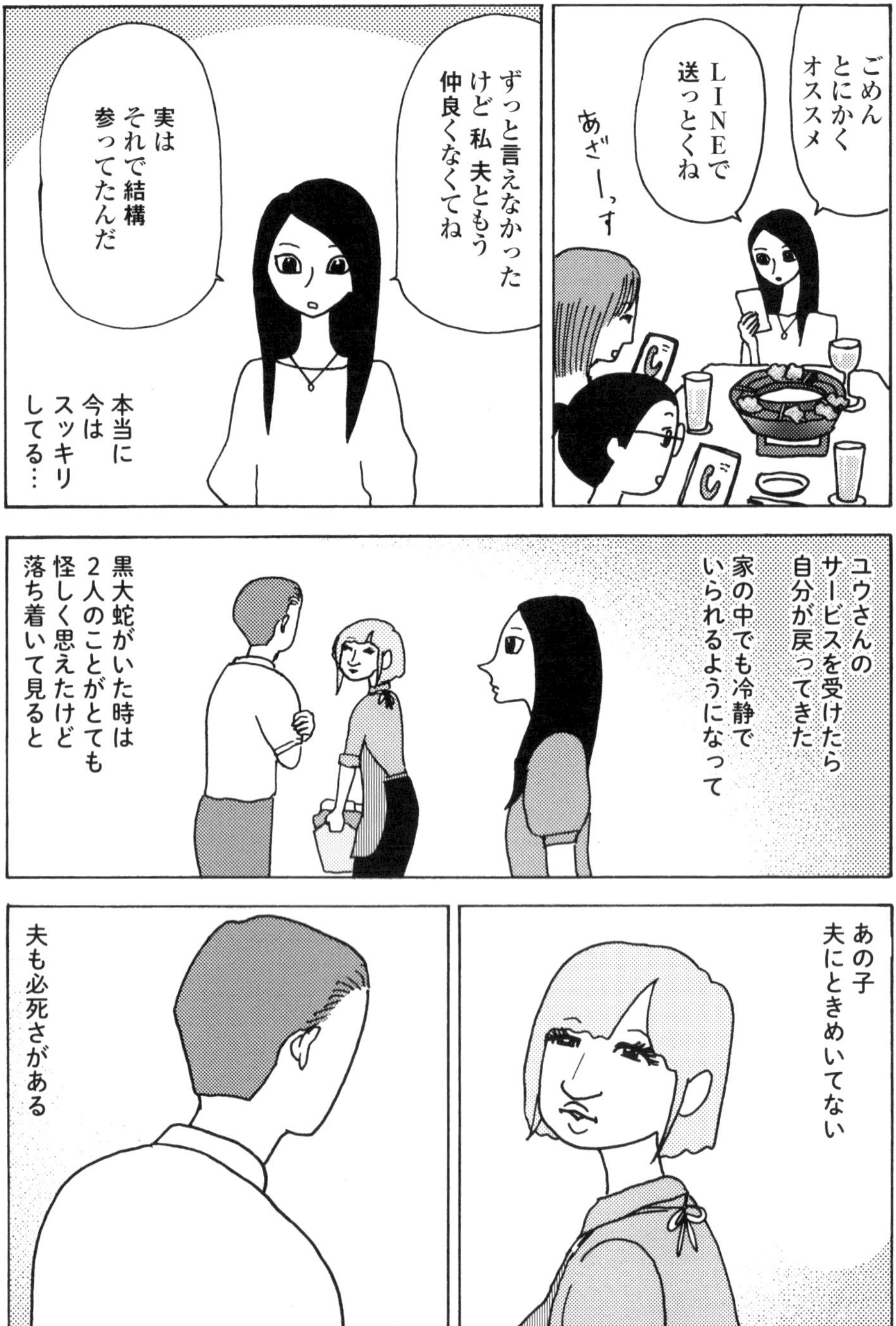
ごめん
とにかく
オススメ
LINEで
送っとくね
あざーっす
ずっと言えなかった
けど私 夫ともう
仲良くなくてね
実は
それで結構
参ってたんだ
本当に
今は
スッキリ
してる…
ユウさんの
サービスを受けたら
自分が戻ってきた
家の中でも冷静で
いられるようになって
黒大蛇がいた時は
2人のことがとても
怪しく思えたけど
落ち着いて見ると
あの子
夫にときめいてない
夫も必死さがある

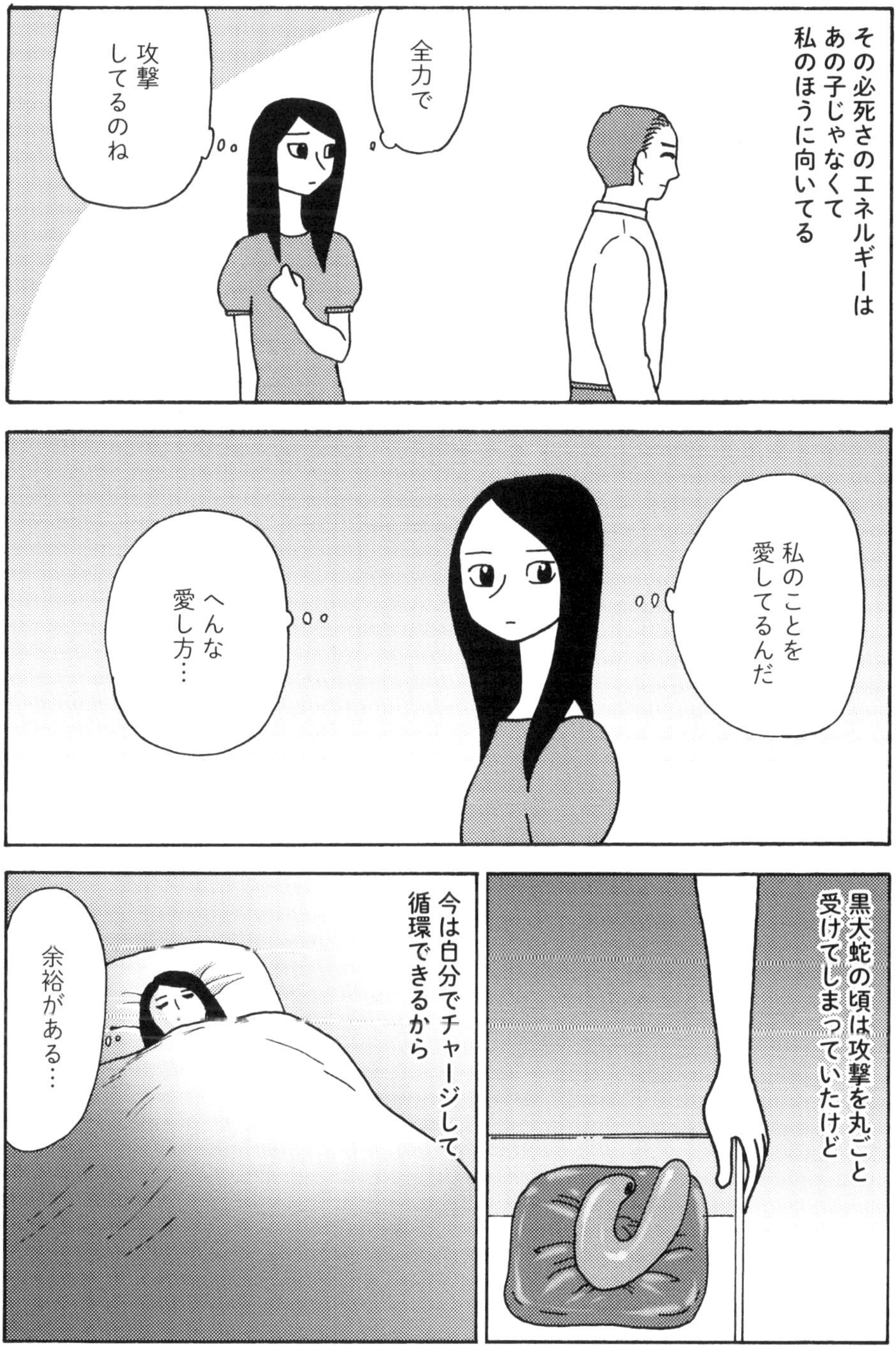
その必死さのエネルギーは
あの子じゃなくて
私のほうに向いてる
全力で
攻撃してるのね
私のことを愛してるんだ
へんな愛し方…
黒大蛇の頃は攻撃を丸ごと
受けてしまっていたけど
今は自分でチャージして
循環できるから
余裕がある…

そのサービスは私にとって価値観が変わった出来事だったから
女の人もエステやマッサージみたいにセクシーなサービスを気軽に受けられてもいいはずと思うようになって
新しいホテルの計画を始めたの
女性向けの性的サービスが安心して受けられるホテル
え？
男性のようにそのためだけのお店に行くより
女性はグルメとかスパとかたくさんの目的の中のひとつとして「性」があるほうがいいんじゃないかって思って

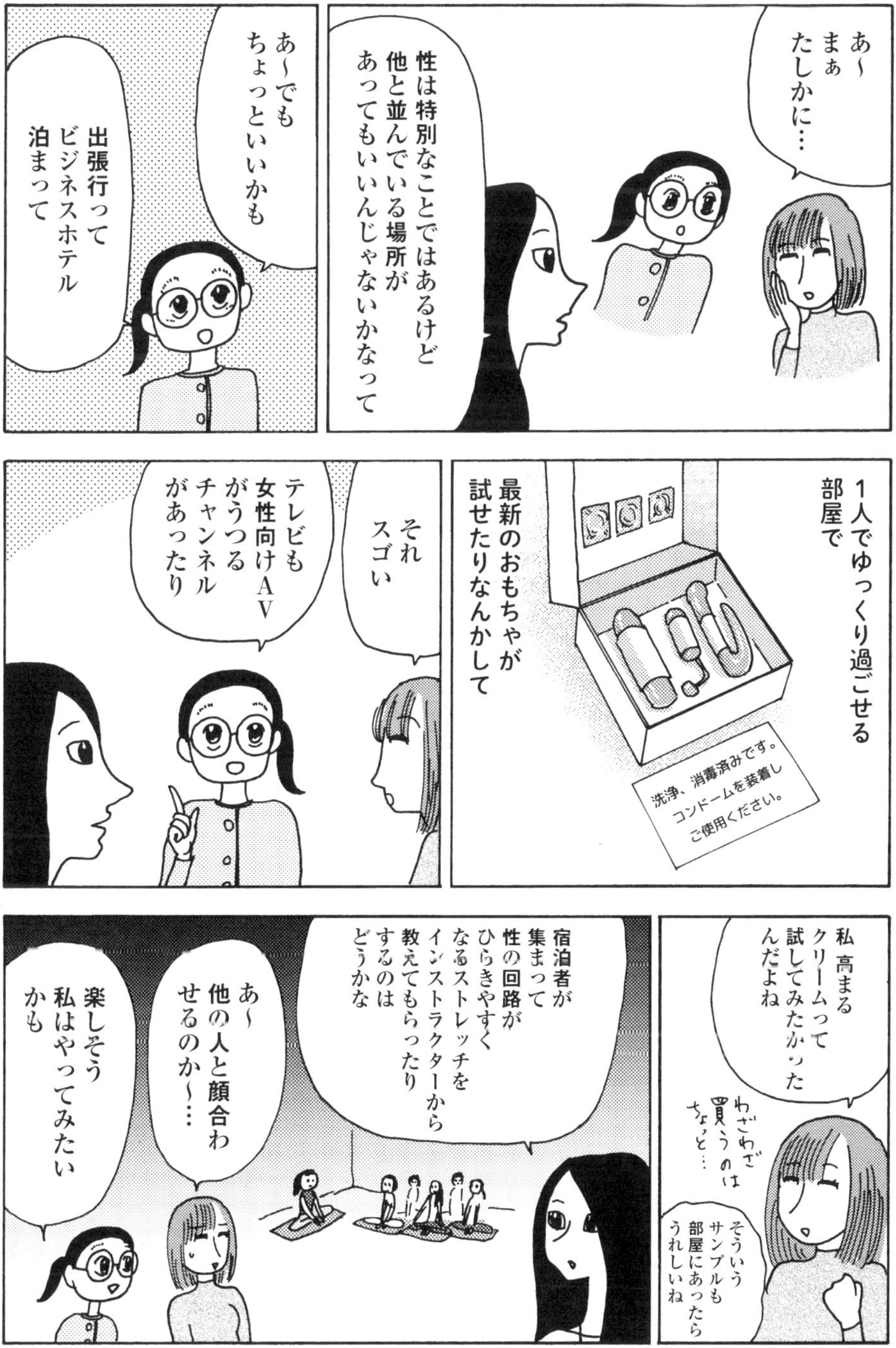
あ～
まぁ
たしかに…
性は特別なことではあるけど
他と並んでいる場所が
あってもいいんじゃないかなって
あ～でも
ちょっといいかも
出張行って
ビジネスホテル
泊まって
1人でゆっくり過ごせる
部屋で
最新のおもちゃが
試せたりなんかして
洗浄、消毒済みです。
コンドームを装着し
ご使用ください。
それ
スゴい
テレビも
女性向けAV
がうつる
チャンネル
があったり
私 高まる
クリームって
試してみたかった
んだよね
わざわざ
買うのは
ちょっと…
そういう
サンプルも
部屋にあったら
うれしいね
宿泊者が
集まって
性の回路が
ひらきやすく
なるストレッチを
インストラクターから
教えてもらったり
するのは
どうかな
あ～
他の人と顔合わ
せるのか～…
楽しそう
私はやってみたい
かも

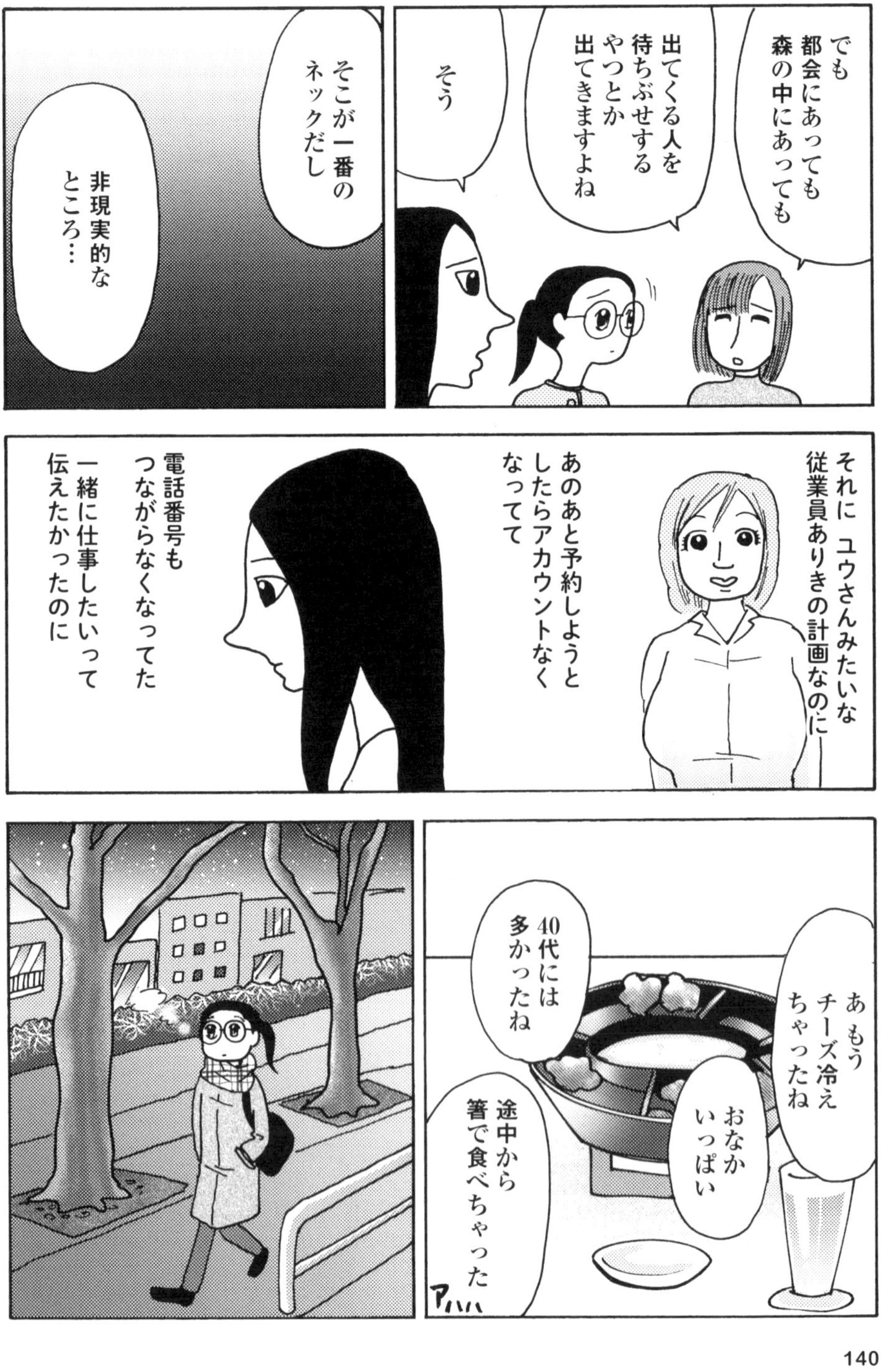
でも
都会にあっても
森の中にあっても
出てくる人を
待ちぶせする
やつとか
出てきますよね
そう
そこが一番の
ネックだし
非現実的な
ところ…
それに ユウさんみたいな
従業員ありきの計画なのに
あのあと予約しようと
したらアカウントなく
なってて
電話番号も
つながらなくなってた
一緒に仕事したいって
伝えたかったのに
あ もう
チーズ冷え
ちゃったね
40代には
多かったね
おなか
いっぱい
途中から
箸で食べちゃった
アハハ

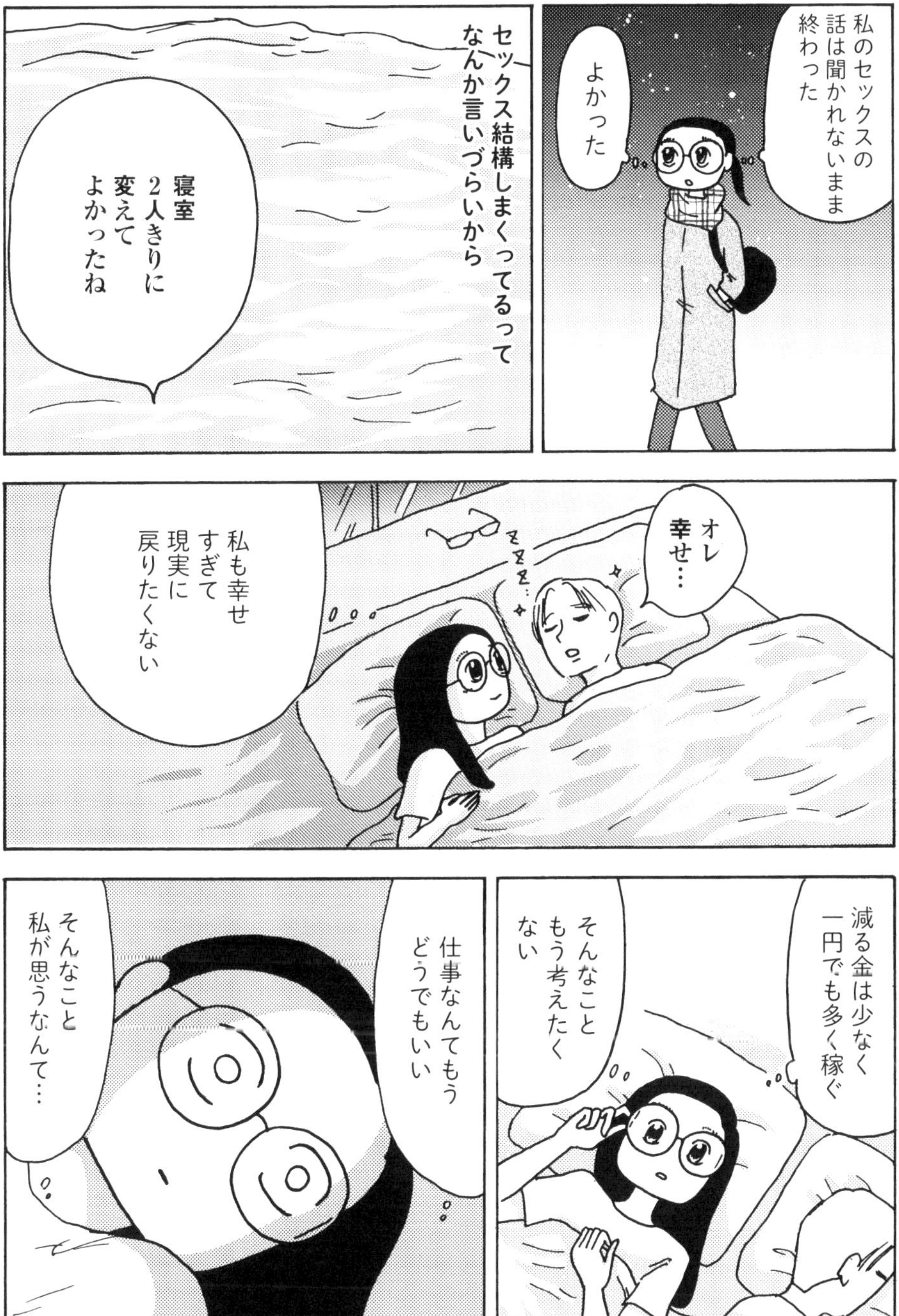
私のセックスの話は聞かれないまま終わった
よかった
セックス結構しまくってるってなんか言いづらいから
寝室2人きりに変えてよかったね
オレ幸せ…
私も幸せすぎて現実に戻りたくない
減る金は少なく一円でも多く稼ぐ
そんなこともう考えたくない
仕事なんてもうどうでもいい
そんなこと私が思うなんて…

前 取り引き先の担当にこんな男がいた
いいなァ丸山さんてフリーランスですよね？
ボクも本当は自営したいんですよ～
メーカーの広報なんてやりたくないんすよー向いてないし
ハァ～
どんな仕事したいんですか？
本当はカメラマンになりたかったんですよね～
張り込みしてスクープ撮りたいじゃないですか
今から始めたらいいですよ！

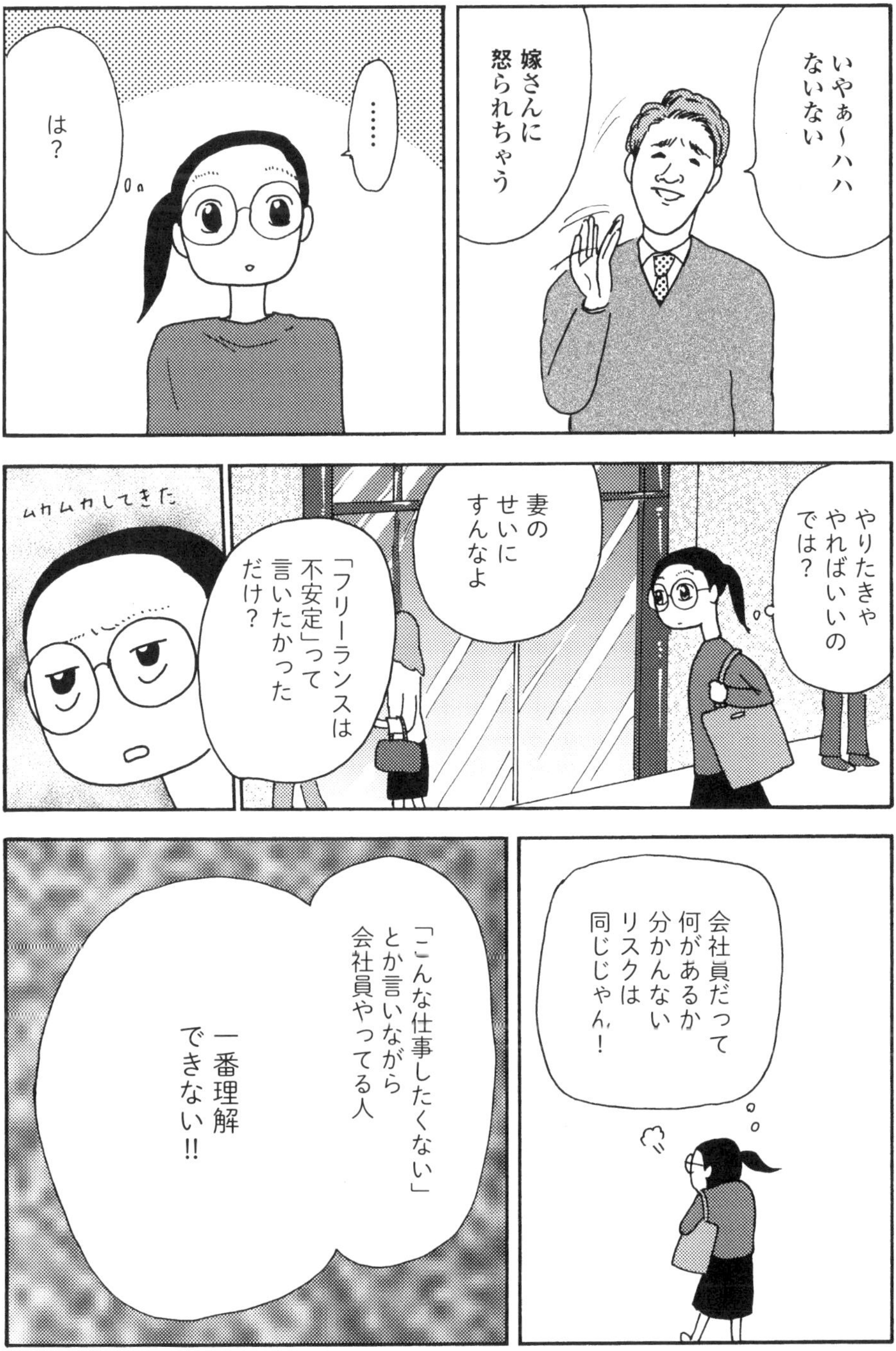
いやぁ～ハハ ないない
嫁さんに 怒られちゃう
……
は？
やりたきゃ やればいいの では？
妻の せいに すんなよ
「フリーランスは 不安定」って 言いたかった だけ？
ムカムカしてきた
会社員だって 何があるか 分かんない リスクは 同じじゃん！
「こんな仕事したくない」 とか言いながら 会社員やってる人
一番理解 できない!!

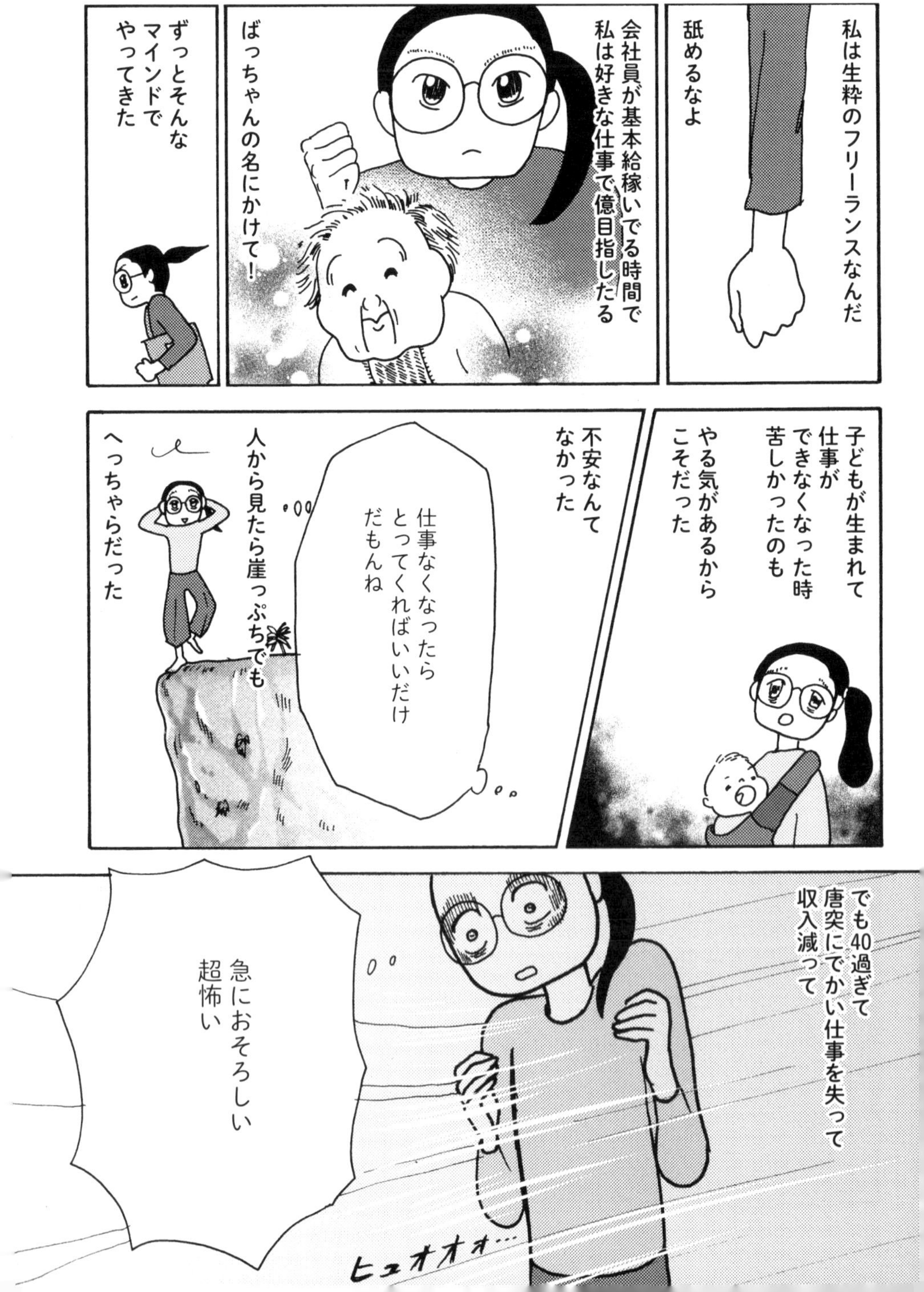

私は生粋のフリーランスなんだ
舐めるなよ
会社員が基本給稼いでる時間で私は好きな仕事で億目指したる
ばっちゃんの名にかけて！
ずっとそんなマインドでやってきた
子どもが生まれて仕事ができなくなった時苦しかったのもやる気があるからこそだった
不安なんてなかった
仕事なくなったらとってくればいいだけだもんね
人から見たら崖っぷちでもへっちゃらだった
でも40過ぎて唐突にでかい仕事を失って収入減って
急におそろしい
超怖い
ヒュオオオォ…

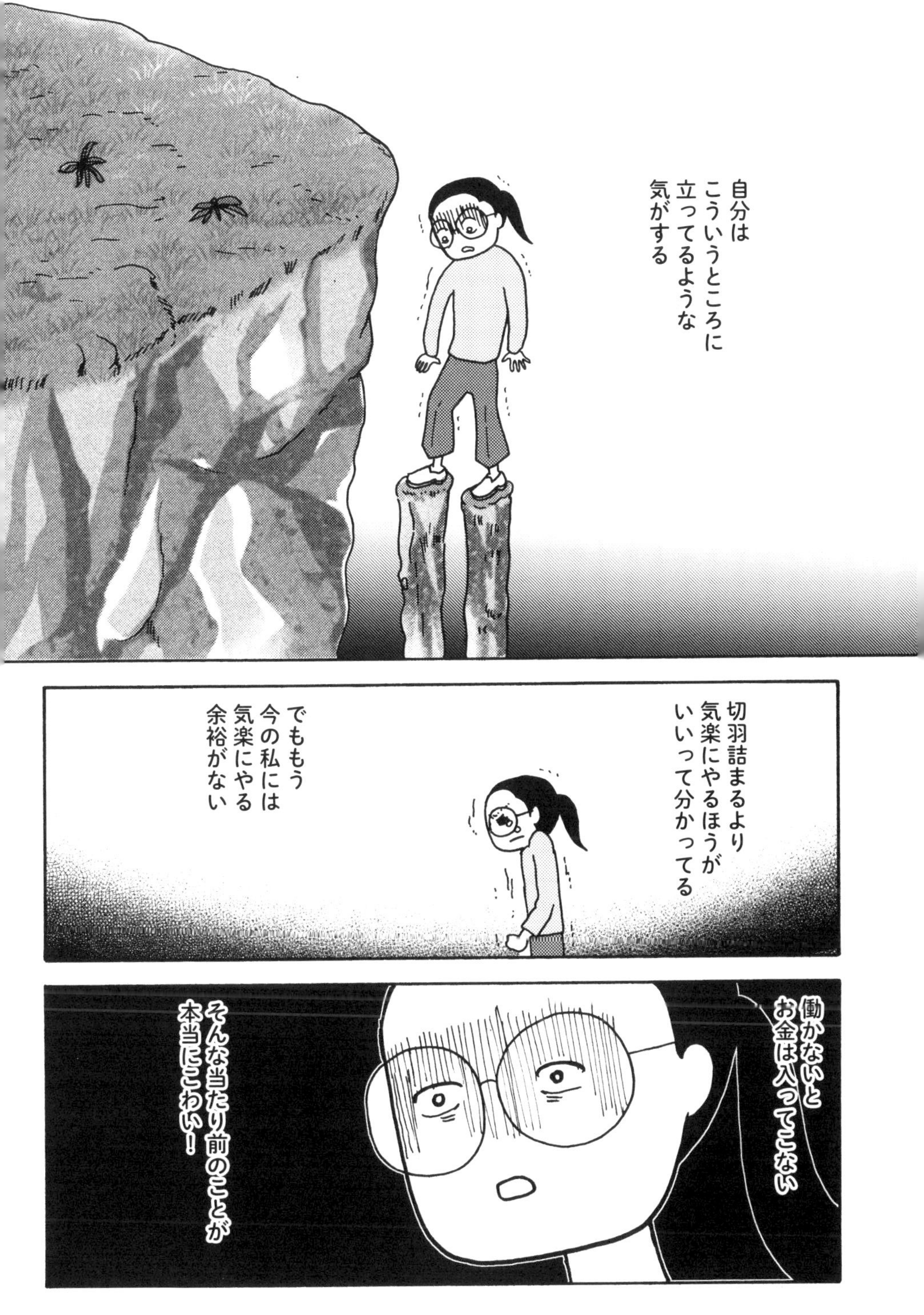
自分は
こういうところに
立ってるような
気がする
切羽詰まるより
気楽にやるほうが
いいって分かってる
でももう
今の私には
気楽にやる
余裕がない
働かないと
お金は入ってこない
そんな当たり前のことが
本当にこわい！

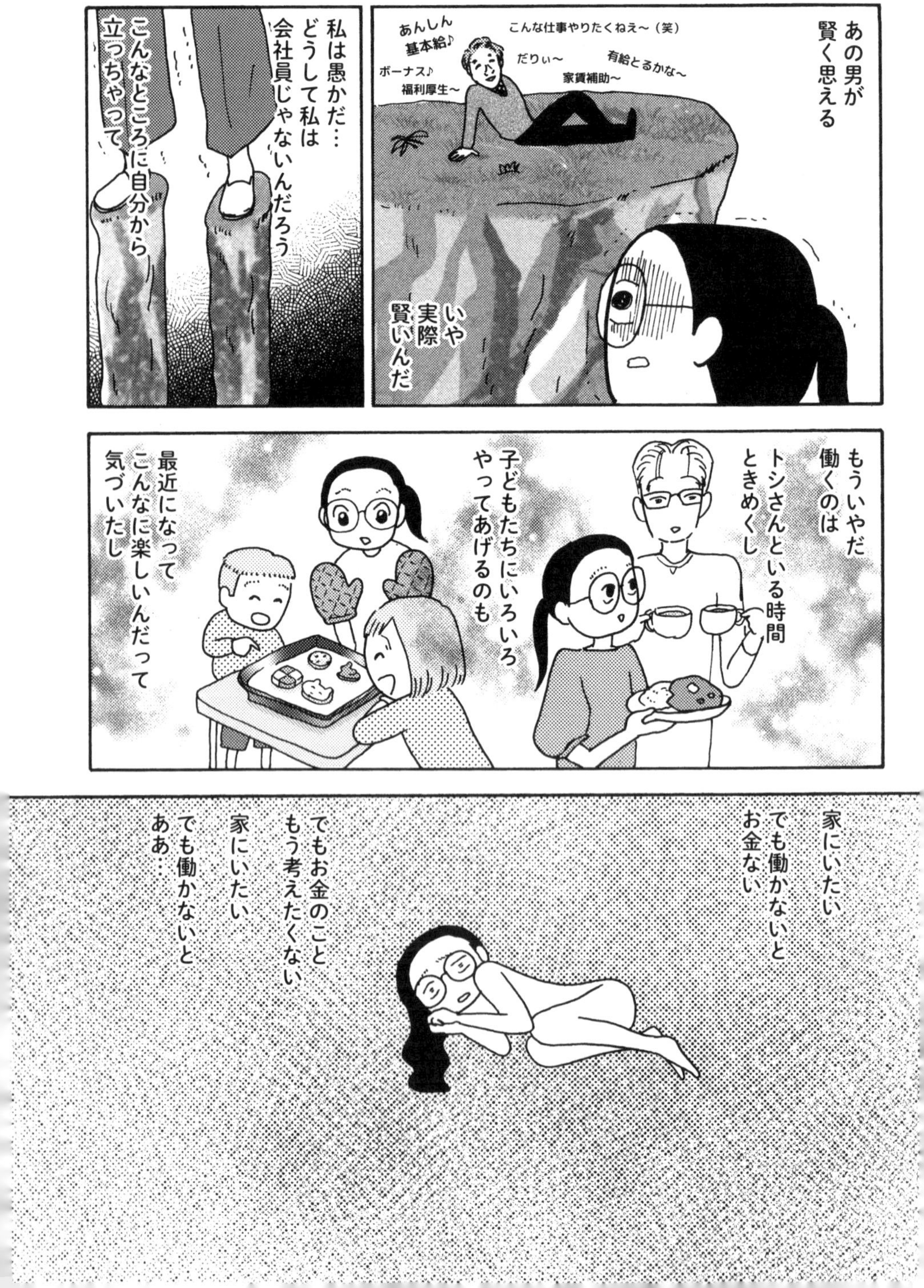
あの男が賢く思える
こんな仕事やりたくねえ～（笑）
あんしん基本給♪
有給とるかな～
だりぃ～
家賃補助～
ボーナス♪
福利厚生～
いや実際賢いんだ
私は愚かだ…どうして私は会社員じゃないんだろう
こんなところに自分から立っちゃって
もういやだ働くのは
トシさんといる時間ときめくし
子どもたちにいろいろやってあげるのも
最近になってこんなに楽しいんだって気づいたし
家にいたい
でも働かないとお金ない
でもお金のことももう考えたくない
家にいたい
でも働かないと
ああ…

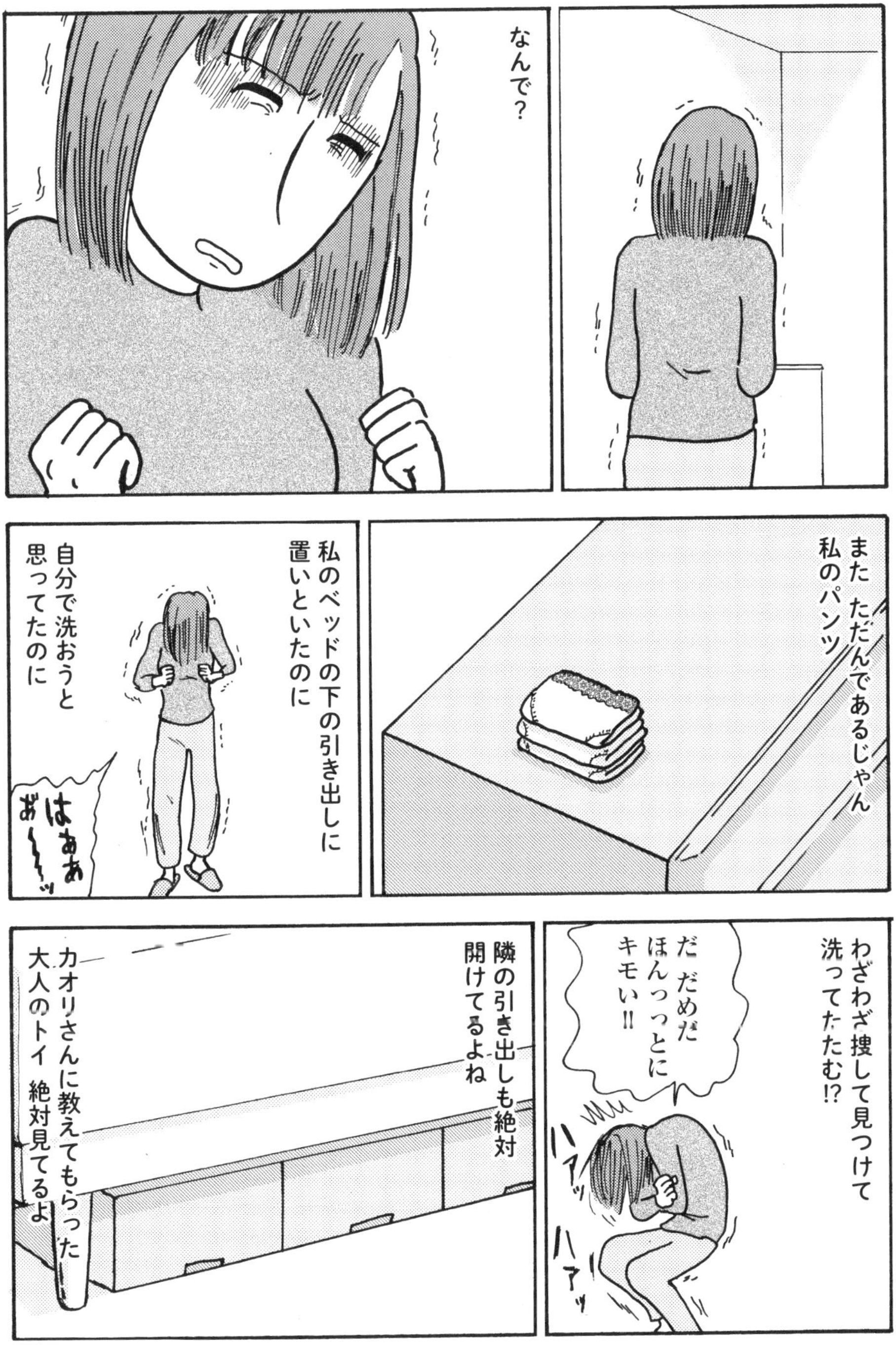
なんで?
また たたんであるじゃん
私のパンツ
私のベッドの下の引き出しに
置いといたのに
自分で洗おうと
思ってたのに
はぁぁ
ぁ〜〜〜ッ
わざわざ捜して見つけて
洗ってたたむ!?
だ だめだ
ほんっっとに
キモい!!
ハアッ
ハアッ
隣の引き出しも絶対
開けてるよね
カオリさんに教えてもらった
大人のトイ 絶対見てるよ

ねえっ
あんたちゃんとシてあげてるの？
なにを
まいさんのベッドの下にあやし～いものがあったワヨォ～
なんだよそれ
だめよォ ちゃんとたづなつけておかないとォ
外でつまみぐいしてくるわよォ
でもね 下着は大丈夫だった！前と変わってない！
聞いてもない会話が聞こえる…
でも絶対話してるよあーキモい…
無理無理無理無理
コンコン
TOMA
とっくんちょっといい？
ママ？なぁに？
ママとこれから旅行いかない？
え？
ホテル泊まっておいしいもの食べるの
どゆこと？明日学校は？
休めばいいよ

みんなで行くの？
ちーくんとママと3人
ん～いいけど
これからばぁばと宿題やるんだよ
え
そっか
あと明日は音楽会の練習もあるし
来週じゃだめ？
うん分かったまた今度にしよう
アハハハ
ばぁばいけー!!
GO!
キャハハハハ

ナチュラルに乗っ取られてるじゃん
仕事しかしてなかったもん
当然ですよね
葉山翔太
まいさんのこと考えながらねま～す
ハイハイおやすみ
今日これから飲みに行けます?
まいさんいた～♡

ってあら～？
もうつぶれちゃってる
じゃないですかぁ
え～なんだ
俺 帰ろうかなー
ふ～
これあれですよねー
「なんかあったんですか」
って聞かないとな
感じですよねー
俺やっぱ
帰ろっか
な～
いいよね
男は
そうやって
目の前のもの
ほうり出せてさ
え～
そーゆーモード
すかァ～
えー
つき合ってよ
それくらい
仲間じゃん
自分だって
家で
居場所
ないじゃん

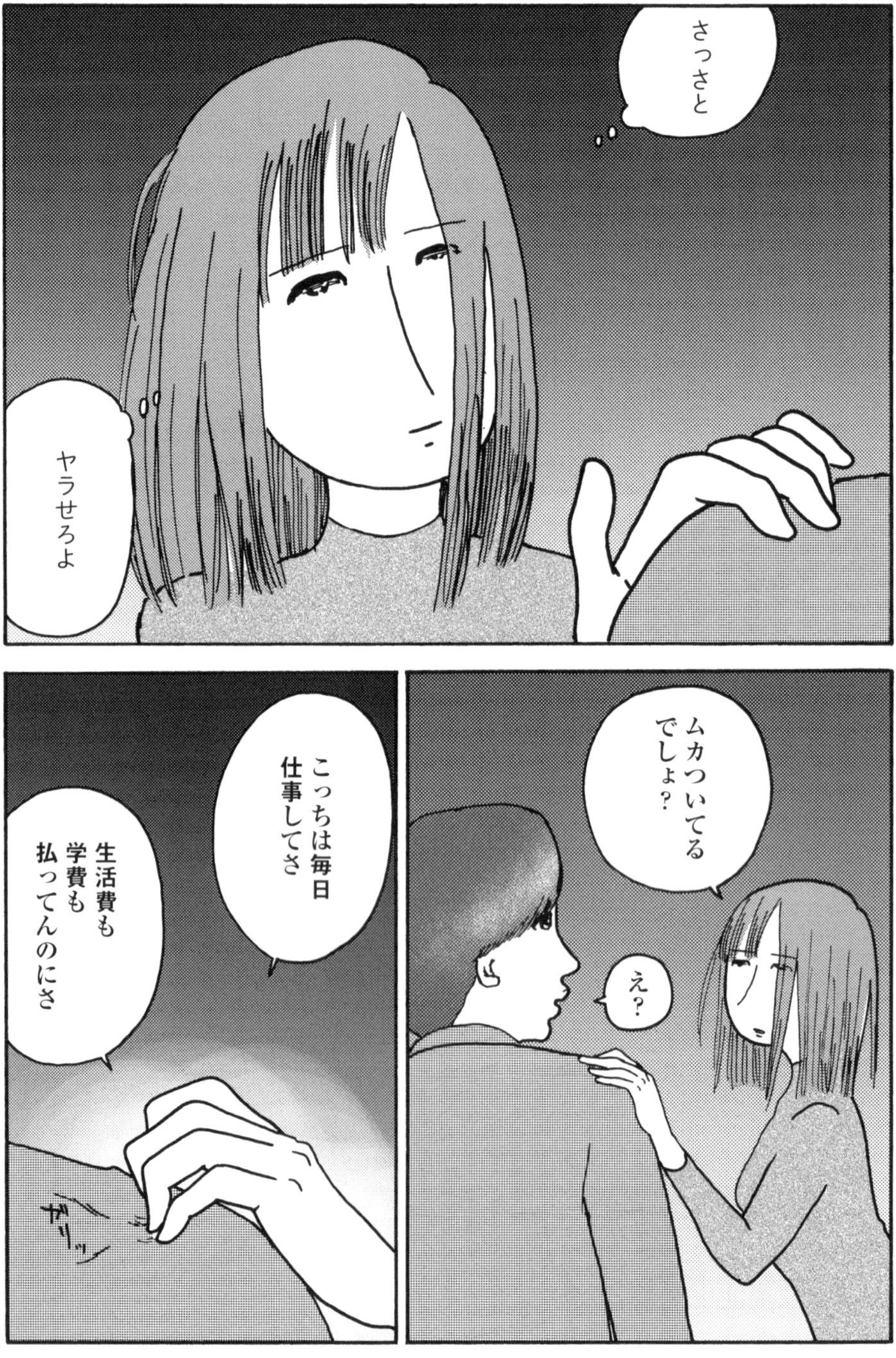
さっさと
ヤラせろよ
ムカついてるでしょ？
え？
こっちは毎日仕事してさ
生活費も学費も払ってんのにさ
がりッ

姑が孫相手にまるで親みたいな顔すること…
んもォ…
おニューのコートなのにぃ
よく分からんですけどォ
いいことなんじゃないスか？
我が子のようにかわいがってもらえるって
今日はもう帰っていいスか 俺
はい 呼び出して申し訳ない

ティティティロン
あ まいさん
もしもし〜
はい 大丈夫です どうしたんですか
なんかあったんですか？
あ…あのね もうなさけなくて くるしくて…
ハァー
生きてるとさぁ いろいろあるよね 40過ぎるとさア…
分かります 私も 最近それればっかり

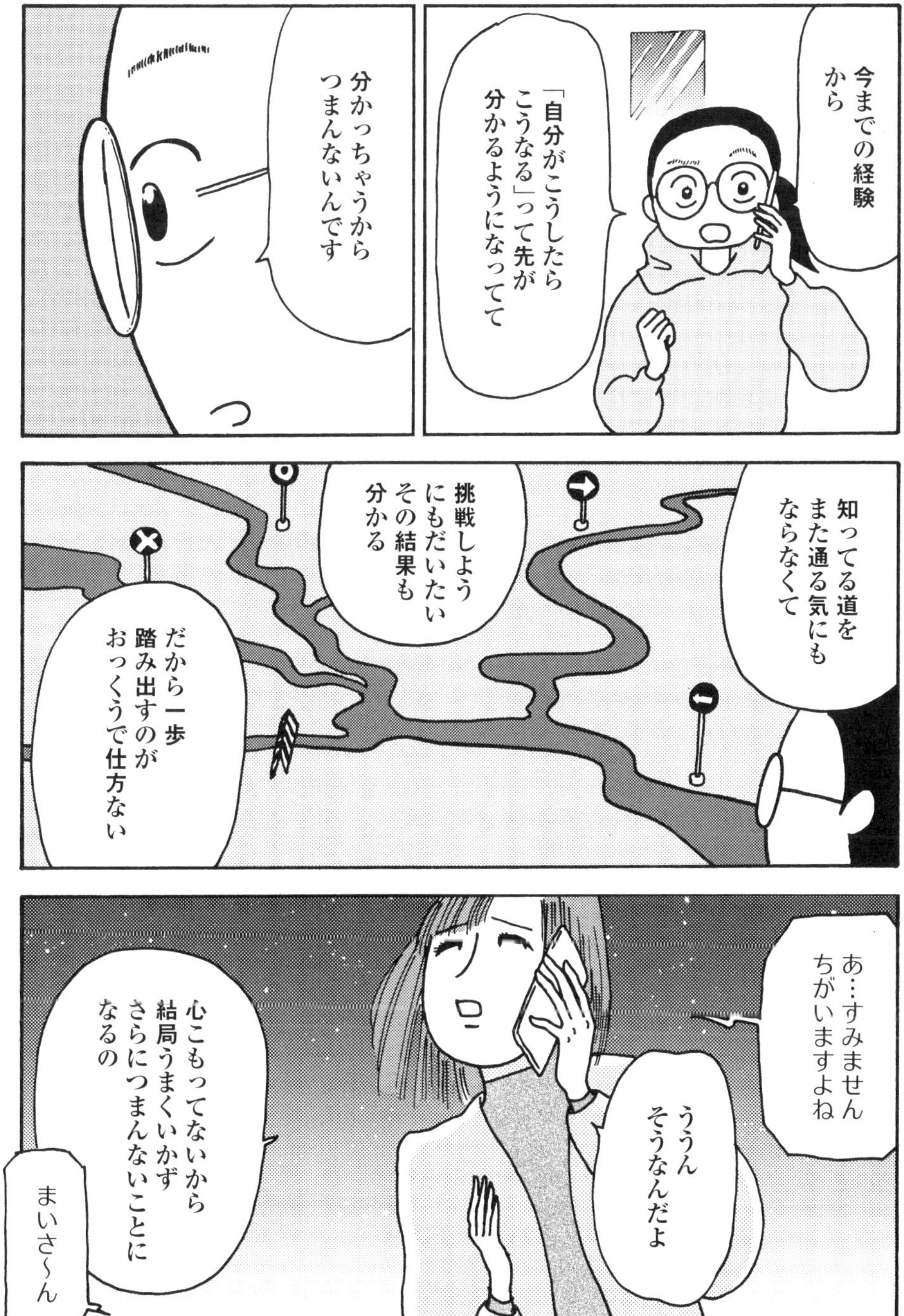
今までの経験から
「自分がこうしたらこうなる」って先が分かるようになってて
分かっちゃうからつまんないんです
知ってる道をまた通る気にもならなくて
挑戦しようにもだいたいその結果も分かる
だから一歩踏み出すのがおっくうで仕方ない
あ…すみませんちがいますよね
ううんそうなんだよ
心こもってないから結局うまくいかずさらにつまんないことになるの
まいさ〜ん

私さぁ…
若い頃
中年のおじさんて
どうしてこんな
行動するんだろう?
ってこといっぱい
あったのね
今の私
見事に
全部同じこと
しててさ
おじさんと
同じ報いを
受けてるんだけど
でもさぁ
ほら私って

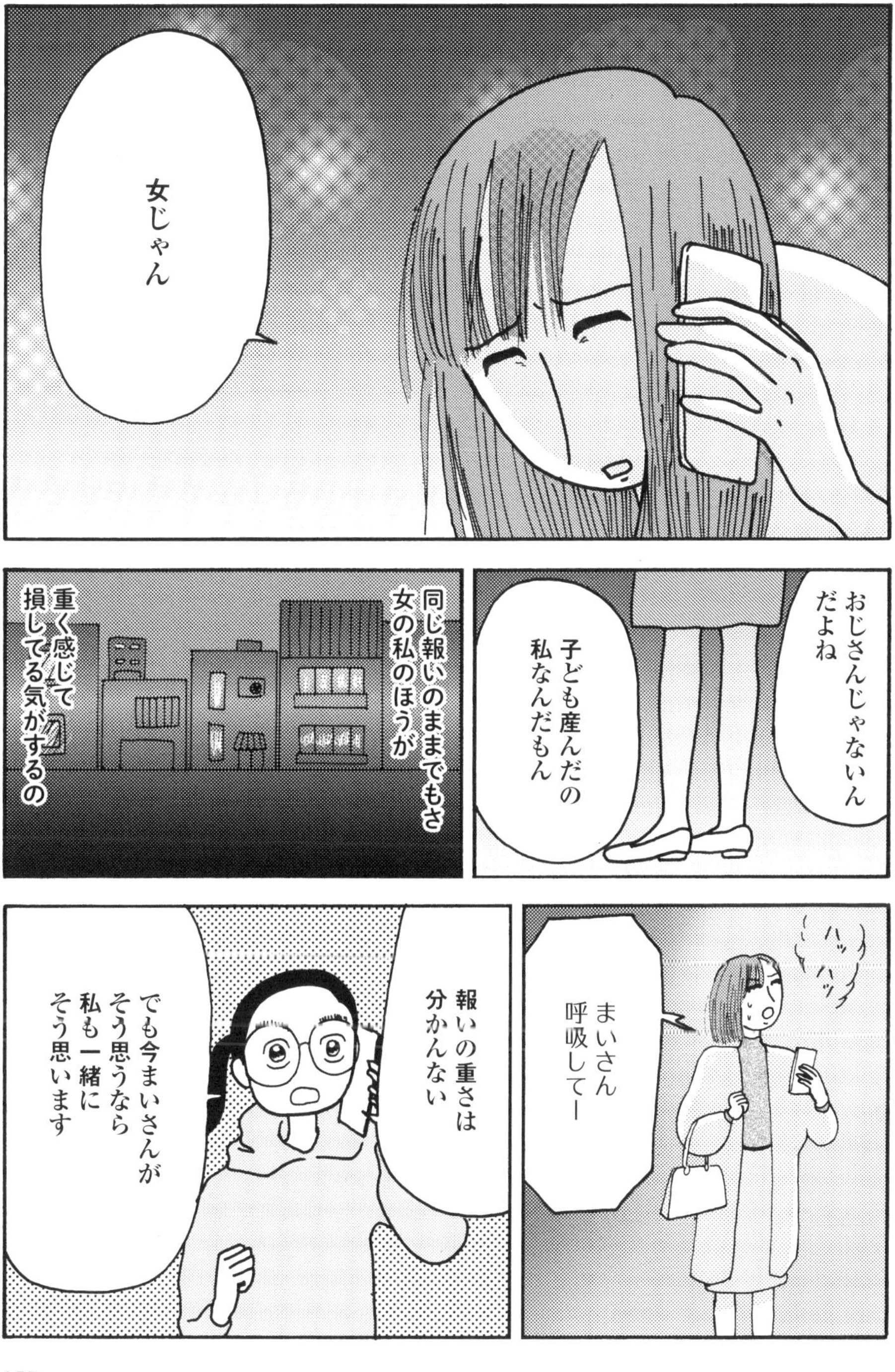
女じゃん
おじさんじゃないんだよね
子ども産んだの私なんだもん
同じ報いのままでもさ女の私のほうが重く感じて損してる気がするの
ハッハッ
まいさん呼吸してー
報いの重さは分かんない
でも今まいさんがそう思うなら私も一緒にそう思います

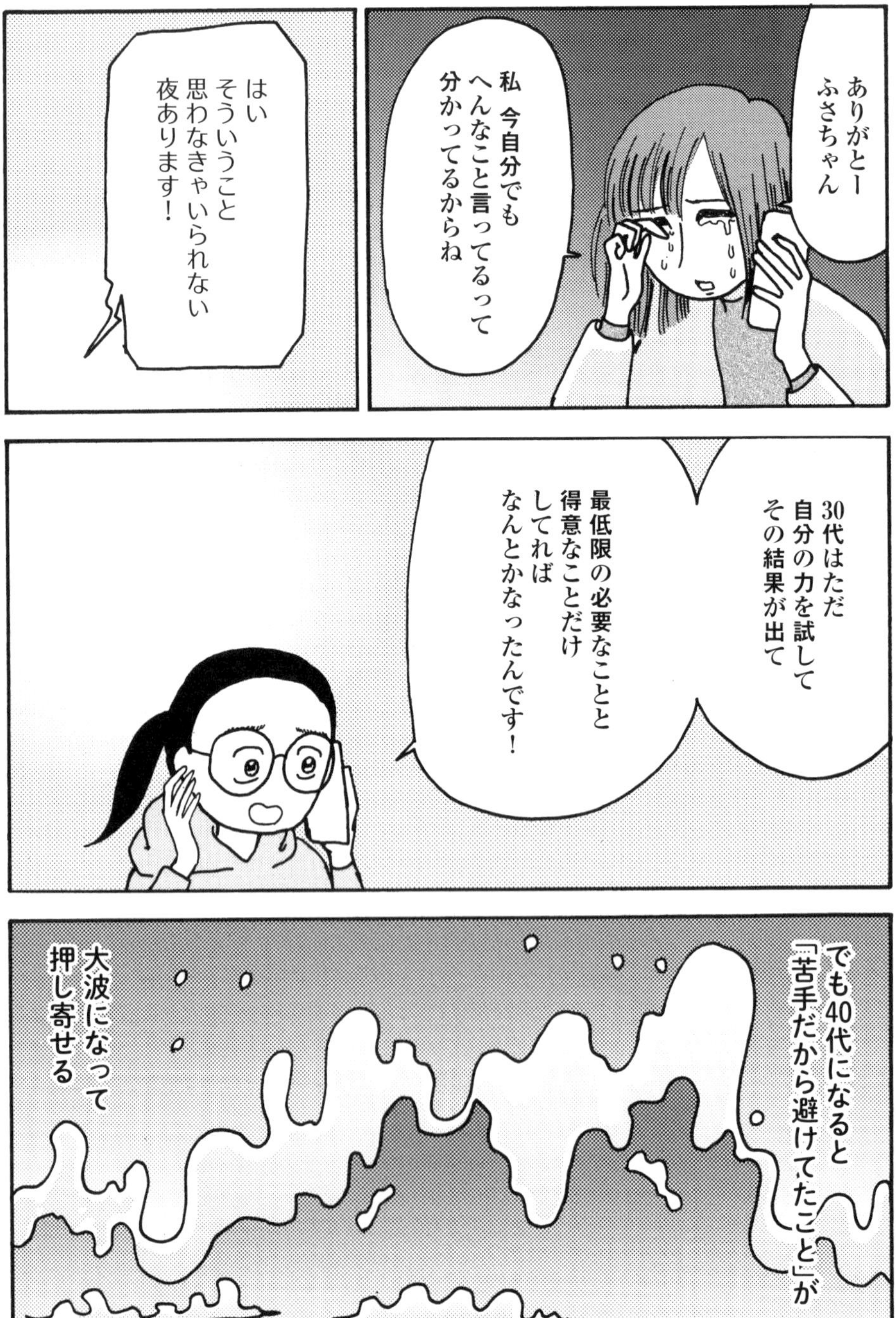
ありがとー
ふさちゃん
私　今自分でも
へんなこと言ってるって
分かってるからね
はい
そういうこと
思わなきゃいられない
夜あります！
30代はただ
自分の力を試して
その結果が出て
最低限の必要なことと
得意なことだけ
してれば
なんとかなったんです！
でも40代になると
「苦手だから避けてたこと」が
大波になって
押し寄せる

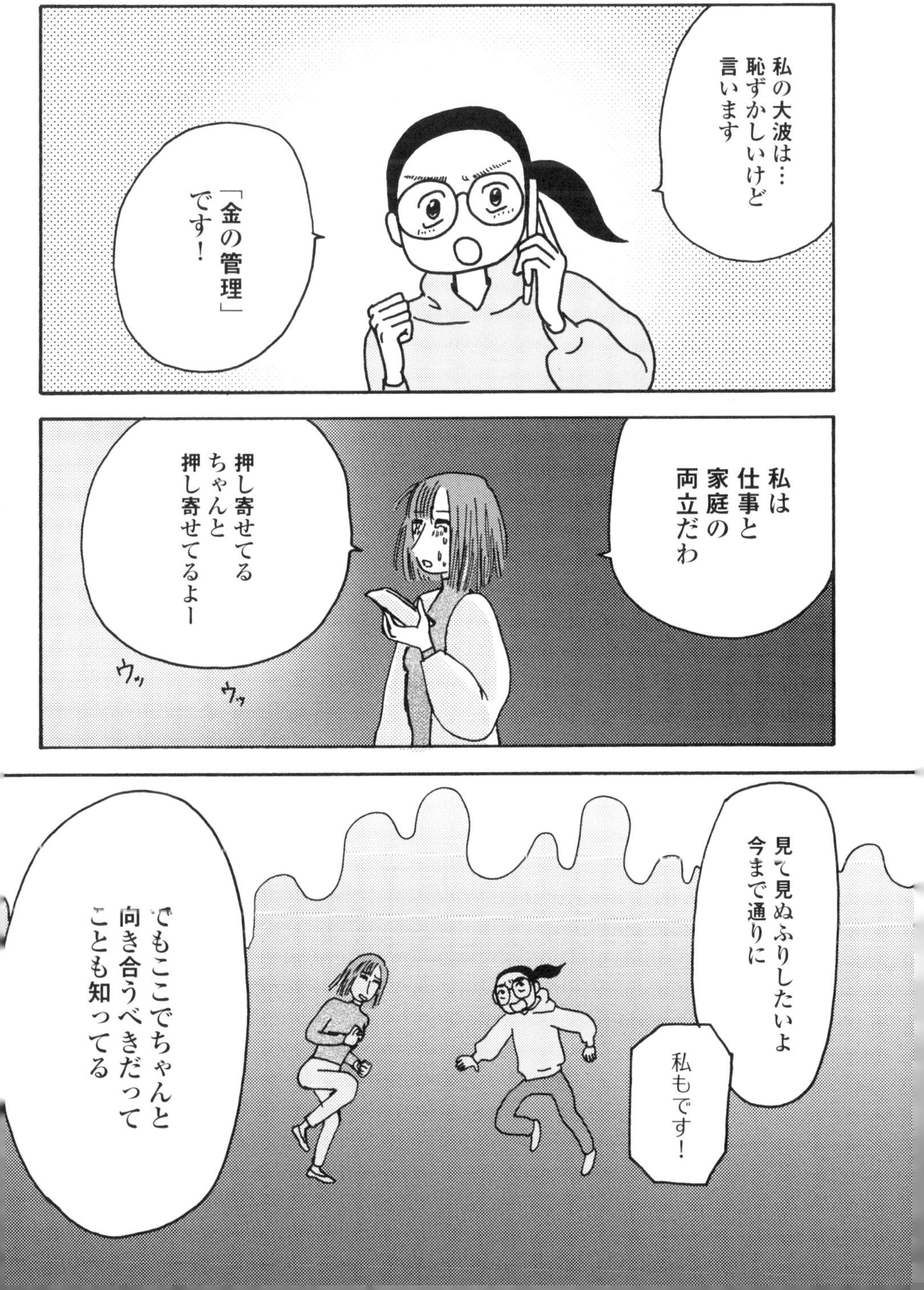
私の大波は…恥ずかしいけど言います
「金の管理」です！
私は仕事と家庭の両立だわ
押し寄せてるちゃんと押し寄せてるよー
ウッ
ウッ
見て見ぬふりしたいよ今まで通りに
私もです！
でもここでちゃんと向き合うべきだってことも知ってる

もう今までのやり方はやりつくして
そっちに戻ってもつまんないって分かるから
先が見えるから
まじでやりたくないやりたくないよーふさちゃん
我が物顔の義母とどうやって向き合えっていうの？
でも他の道も絶対つまんないの
分かるのドツボなの
まいさん 私だって今 自分の足のサイズピッタリの崖に立ってますからね？
何？ その崖ーやだぁー
アハハ足のサイズ…
私もそこにいるわー

おそろしいけど
40年の経験からの
知恵をもとに
一歩ずつ
進んでれば
きっと…
途方もない
ねぇ
ふさちゃん
50代は
ラクになってる
かなァ
なってます
きっと
カオリさんの
エロいホテル
一緒に行きましょ
アハハ
そうだね
大丈夫なんて確証は
何もないけど
ふさ子は大丈夫な
気がしてきた

おそろしいけど進んでく

みなさま『女40代はおそろしい』を最後まで読んでくださってありがとうございます！

このコラムもこれで終わりになります。

カラオケ店でのまいさんですが、たぶん〝かわいく〟酔っ払っていたら、葉山はまいさんとセックスしたのではないでしょうか。

自信家で積極的にターゲットを仕留めるための行動を日々、マメにし続けながらも、面倒なものは絶対に抱えない、触れもしない、毒の感知能力はすごくてサッと引いて徹底的に自分を守れる男、葉山。むしろ守りの能力が高いからこそ、攻めるのも余裕でできるんでしょうね。甘えるけど甘えさせない。

自分の嫌悪感を放置しているまいさんの相手は、やっぱり葉山みたいな人なんじゃないかと、それがしっくりきてしまいました。

嫌悪感を抱えるまいさんがアクションを起こさなければいけない、対話しなければいけないのは夫だと思う。だけどまいさんは、子どもに突然「これから旅行いかない？」と言い出します。これは、普段の生活を何も把握してない「家庭を顧みない父親、夫」

のトンチンカンな言動と同じです。

しかし「何言ってんの？　バカじゃないの？」と家族から叱ってもらえもしない、まいさん。

そんなまいさん、だけが〝悪い〟のだろうか。

「外での労働」を「家事育児」という面倒なもので相殺することで、労働側の存在感を吸い取る、という夫&義母も結構すごいなって思います。

余計なことはしなくていいから、とか、どうせちゃんとできなくて私がやり直すんだから、とか、そうやってパートナーに子どもの面倒を見させないとか、パートナーを気遣っているようで実はパートナーが所持するはずの父親や母親のポジションを奪っている、という状況は家庭の中で起きやすいと思います。

まいさんはそれを言語化しないけど気づいてはいて、葉山に拒絶されたことにより、これからは「なあなあにしてきたもの」に向き合う方向にいきます。葉山が自分自身を守らない〝優しい〟男だったら、まいさんは夫&義母とのトリプル依存を葉山の存在をデカくすることで補ってしまっていたことでしょう。

それぞれの結末

カオリさんの夫は、外側だけ完璧にうまくやって2人きりになると無視することで、最大限にカオリさんを侮辱します。それに対して、カオリさんは今まで出てこなかった自分の暴力性に困惑します。カオリさんがぶち当たるのは、今まで一番ないがしろにしてきた自分自身の心です。それをしっかり探して見つめろと大蛇が教えに来ます。

カオリさんの計画しているエロいホテルは、私自身が「あったらいいな」と思っていたものです。9年前にホテル型の断食道場に行った時、こういう感じの女性向け性欲肯定施設があったらいいのになと思いました。

まあ、実現はカオリさんでも難しいんじゃないかと思うし、今は女性の性欲はちゃんと肯定されてるから、必要もないかも。

カオリさんと夫が、元に戻る未来が私には見えないんだけど、それはカオリさんが自分の心に気づいたから。誰かのための仕事を維持するために夫を選んだところから、自分を思って生きるに変わったから、夫との違和感はお互いに感じてしまうんじゃないかと思いました。夫もムキムキになったりして結構変わったから、意外な合致の訪れもあるのかな。
ふさ子はデザイナーなので、この直後に今度は創作に関する自分の足ピッタリサイズの崖に立つことになると思います。グワーっと走ってきた30代。走ってりゃーなんとかなったけど、金のこともある程度把握できるようになってきたら今度は、「こっから一体、何歳までこの作業を繰り返しやっていくんだ?」という途方もなさに虚無が訪れます。
おっそろしいわぁ、40代。
そしてふさ子は副業とかを考え出すと思います。でも脳内でイメージするだけで、別に何もやらないと思う。イメージするだけで癒やしになるので、それで気持ちが納得してきたふさ子はきっと、フリダシに戻るでしょう。フリダシというのは、「結局、目の前の仕事をコツコツやっていくしかない」という、むちゃくちゃ当たり前のオーソドックスな基本地点に戻るということです。
これが、一抜けしてラクしたい、一発で大金稼いで不安を抱えながら仕事しなくて済むようになりたい、と思っていたふさ子さんの成長です。
地味に、慎ましく、淡々とこなす。40代はひたすらそれしかない。ふさ子はそれに気づくのです。

40代はおそろしい。

20代、30代の時には見えてない景色が、鮮明に見えてくる。手元を見る視力は衰えてくるのに。

見える上で新しいことにチャレンジするから、それが達成されるまでの工程もどこか予定調和で、楽しいは楽しいけど、その「楽しい」も、そこで感じると分かっている楽しさ。それか、やっぱり自分はこういうことが楽しいんだなあ、という再確認。作業のすべてに「再」が付く。もう心底楽しいことには出会えないかもしれない、おそろしい、40代。

45歳になった私の、今のところの40代になった感想はそれです。

だけど、その中で明らかに、きらめくように心身を潤してくれることはやっぱり変わらないんだ、ってことも再確認しました。

それはママ友や友達とのおしゃべりでした。

メールや電話やオンラインじゃない、対面での会話。

20代、30代の時は、自分の事が好きじゃなくてどうせ私なんてって感じで心を閉じてる時期も長かった。

だけど今は、たわいもないおしゃべりってこんなに楽しかったっけ⁉︎ って気持ちになってる。また心が閉じる日が来ることもあるかもしれないけど、こんなに癒やされて励まされて、たまには「なにそれ？」って不機嫌な気持ちにもさせられて、こんな刺激的なことって他にあるだろうかって思う。

ふさ子とまいさんとカオリさんも、また3人で集まっておしゃべりしながらそれぞれの40代のおそろしさを乗り越えていくんだろうと思います。

女40代はおそろしい

夫より稼いでたら、
家に居場所がなくなりました

2024年10月10日　第1刷発行

著　者　田房永子

発行人　見城 徹

編集人　森下康樹

編集者　羽賀千恵

発行所　株式会社幻冬舎
〒151-0051　東京都渋谷区千駄ヶ谷4-9-7
電話 03-5411-6211(編集)
03-5411-6222(営業)

公式HP：https://www.gentosha.co.jp/

装丁・本文デザイン　bookwall

印刷・製本所　中央精版印刷株式会社

本書は「小説幻冬」2022年4月号から2023年3月号まで連載された「大黒柱妻の日常 コロナ突入編」を改題し、加筆・修正したものです。

ISBN978-4-344-04303-9 C0095

この本に関するご意見・ご感想は、下記アンケートフォームからお寄せください。
https://www.gentosha.co.jp/e/